나를 찾아 떠나는
법화 수행

나를 찾아 떠나는
법화수행

황명찬 지음

지혜의나무

머리말

    우리나라 불교 수행의 주류는 간화선(看話禪)이다. 간화선은 화두(話頭)를 참구하여 견성하는 수행법으로 일견 매력 있어 보이는 수행법이긴 하지만 아무나 쉽게 할 수 있는 것은 아니다. 효봉 스님, 성철 스님, 구산 스님, 진제 스님 등 우리나라의 유명한 선승들의 수행담을 통해 보더라도 말 그대로 '목숨을 내놓고' 수십 년씩 정진에 정진을 거듭해야 겨우 '화두를 타파하고' 수행의 목표를 이룰 수 있다.

    그렇게 어렵기 때문에 출가 수행자들조차 힘들어하고 그동안 해 오던 간화선을 중도에 포기하고 남방 불교의 위파사나(vipassana) 수행법이나 염불선, 또는 법화 수행 같은 다른 수행법으로 돌아가는 경우가 상당히 많은 것으로 알고 있다.

    24시간 오직 수행에만 전념하는 출가 수행자들에게도 그렇게 힘들고 어려운 간화선 수행이 일반 재가 불자들에게 있어서는 더 말할 필요도 없이 힘들고 불가능한 것이다. 물론 최근 안국선원 등 몇몇 선원을 중심으로 상당수의 재가 불자들이 간화선 수행의 길로 들어서고 있긴 하지만 직장 일로 그야말로 바쁜 대부분의 재가 불자들에게는 여전히 쉽게 접근하여 할 수 있는 수행법이 아니다.

그동안 우리나라 재가 불자들의 종교적 욕구와 필요에 큰 변화가 일어나고 있다. 우리들의 할머니나 어머니 세대는 주로 기복 (祈福)을 위하여 절에 가고 스님들을 찾았다. 그분들은 본인들의 수행보다는 자식이나 집안의 평안을 기원하기 위하여 절에 다닌 것이다. 그러나 요즘 청장년층은 '기복'보다는 본인들의 '마음을 닦는 수행'을 위하여 절에 가고 스님들을 찾는다. 그런데 문제는 우리나라 불교 수행의 주류를 이루고 있는 간화선이 그들에게 있어서는 불가능에 가까운 수행법이라는 데 있다.

우선 그분들은 그 어려운 수행에 투입할 수 있는 시간이 없고 설사 시간이 있다 하더라도 어려운 수행법인 것은 변함없는 사실이다. 그리하여 청장년층의 새로운 종교적 욕구가 충족되지 못한 채 방치되고 있다.

한국 불교가 이와 같은 재가 불자들에게 수행을 통하여 그들의 괴로움을 해소시켜 주고, 마음의 평안을 주고, 궁극적으로 깨침을 얻게 해주지 못한다면 대승 불교로서의 존재 의의를 상실하는 것이다. 그렇게 되면 불교와 불교 수행은 출가 수행자들만을 위한 출가 수행자만의 것이 되고 만다.

14~16세기경에 불교의 발상지 인도에서 불교가 자취를 감추게 된 직접적인 원인이 바로 불교 수행이 출가 수행자들의 전유물로 전락한 데 있다고 하는 사실을 우리는 잊지 말아야 한다. 이러한 심각한 현실을 우리나라 불교계, 특히 지도층 인사들이 잘 인식하고 대처할 필요가 있다.

특히 우리는 평생 화두 참선으로 일관해 온 성철 스님께서 왜 참회와 진언과 능엄주로 구성된 '아비라 기도'를 재가 불자들에게 권하였는지 그 깊은 뜻을 되짚어 볼 필요가 있다.

이 책의 주목적은 공장에서, 시장에서, 그리고 모든 직장에서 매일매일 바쁘게 일하고 있는 재가 불자들에게 손쉽게, 그리고 즐겁게 할 수 있는 수행법인 법화 수행을 소개하는 데 있다. 법화 수행은 묘법연화경을 독송하고 겸하여 지관(止觀)의 참선을 하는 수행법으로, 석가세존께서 말법 시대의 바쁜 사람들을 위하여 특별히 마련해 놓은 것이다. 아무쪼록 많은 사람들의 수행의 욕구가 법화 수행을 통하여 해결되길 바랄 뿐이다.

이 책을 집필하게 된 직접적인 계기는 지난 2년간 나에게서 법화경 강의를 들은 분들이 준 것이다. 원주에서, 분당에서, 이천에서, 그리고 양평에서 찾아와서 강의를 들어주신 그분들께 우선

깊은 감사를 드리고 싶다.

나는 아직도 컴퓨터가 서툴러서 나의 습관대로 손으로 원고를 쓰는데, 그 해독하기 어려운 원고를 나의 막내딸 제인이가 워드 작업을 해주었다. 8월의 무더운 날씨에 아이 키우며 정신없이 바쁠 터인데도 기꺼이 해주었다. 또한 죽야 이명숙 보살이 마지막 교정을 꼼꼼히 봐 주고 늘 필자의 건강을 챙겨 주어 제때에 이 책의 저술을 잘 마칠 수 있었다. 나는 그 고마움을 항상 마음 깊이 간직하고 있다. 묘법연화경을 범어로는 'Saddharma Pundarika Sutra'라고 하는데, 'Pundarika'가 바로 '흰 연꽃'을 가리킨다. 그리하여 이번 책에는 연꽃 사진을 글 사이에 넣고 싶었는데, 마침 퇴임 후 야생화 촬영을 해 온 이익섭 서울대 명예 교수가 그것을 해주었다. 8월 초의 무더운 날씨에 연꽃을 찾아 여러 시간 사진을 촬영해 주어 얼마나 고마웠는지 모른다. 그리고 책 표지의 흰 연꽃은 최석운 화백이 직접 그려 주신 것이다. 지난번 ≪소리 없는 소리≫ 때도 여러 장의 그림을 책에 넣게 해주었는데, 이번에도 흔쾌히 표지 그림을 그려 주었다. 그 고마움을 무어라 말로 다 표현하기 어렵다. 아름답고 고귀한 연꽃 그림과 사진들 덕분에 책이 훨씬 돋보이게 되었다. 두 분께 다시 한 번 마음 깊이 감사한다.

끝으로 이번에도 이 책의 출간을 기꺼이 맡아 주신 지혜의 나무 이의성 사장님과 편집 팀에게 다시 한 번 감사의 마음을 전하고 싶다.

아무쪼록 많은 사람들이 이 책을 읽고 법화 수행을 하고 싶은 마음을 낸다면 더 없이 큰 보람으로 여길 것이다.

목차

1. 불교 수행

　불교의 입장에서 보면 세상에는 세 가지 종류의 사람이 있다고
할 수 있다.

　하나는 부처님처럼 모든 사물과 현상의 실상을 깨쳐 성불한 사
람이고, 다른 하나는 부처님의 가르침에 따라 깨치고자 수행하는
사람이고, 마지막 종류는 대부분의 사람들처럼 수행하지 않고 미
망 속에서 고통과 불안을 겪으며 살아가는 사람이다.

　부처님의 가르침에 의하면 우리는 누구나 다 부처가 될 수 있
는 본성과 부처의 지혜를 본래부터 다 갖추고 있다.

　그것을 곧 바로 깨쳐 성불한 사람이 부처이고, 그 절대적이며
궁극적인 본성을 보지 못하고 모든 것을 시비 분별하면서 고통스
럽게 사는 사람들이 중생이다.

그러한 고통스러운 상황에서 해탈하여 마음의 평화를 얻고 궁극적으로 부처님처럼 깨치고 더 나아가서 고통 받고 있는 다른 사람들도 그와 같이 깨치게끔 돕고자 하는 큰마음을 내어 수행의 길에 들어선 사람들이 수행자들이다.

부처님의 가르침에 따라 하는 수행을 편의상 다음과 같은 다섯 단계로 나누어 볼 수 있다.

첫째가 발원, 또는 서원의 단계로서 깨쳐서 성불하고 고통 받는 다른 사람들도 깨쳐서 고통에서 해탈하고 마음의 평화를 얻게끔 돕고 교화하겠다는 큰마음을 내는 단계이다.

이른바 위로는 깨달음을 구하고(上求菩提) 아래로는 중생을 교화한다는(下化衆生) 큰 서원을 내어 수행을 시작하는 단계이다.

둘째는 견도(見道)의 단계로서 우리는 누구나 다 본래부터 불성을 가지고 있다는 부처님의 가르침을 듣고 곧바로 우리 마음의 절대적이며 궁극적인 본성을 보고 깨닫는 단계이다.

법화경을 독송하고 법화경이 설한 대로 수행하는 법화 수행 입장에서 보면 방편품에서 우리는 모두 부처의 지혜를 가지고 있으며, 그 지혜를 우리에게 보여 주고 깨치게 해주겠다는 부처님의 설법을 듣고 곧바로 우리의 본성인 불지혜를 보고 알고 깨닫는 단계가 견도의 단계에 해당한다.

그와 동시에 모든 사물과 현상의 있는 그대로의 모습인 제법실상을 깨닫는 것이다. 모든 현상과 사람들의 존재의 근원이 절대적인 공(空)이라는 것을 아는 단계이다.

세 번째가 수도(修道)의 단계로서 견도의 단계에서 보고 알게 된 모든 존재의 궁극적 본성을 보다 철저히 깨치고 확고히 자리 잡게끔 다져 가는 수행의 단계이다.

법화 수행 입장에서 보면 주로 법화경의 독송과 함께 안락행품에서 설한 지관(止觀)의 수행과 기타 바라밀의 수행을 닦아 나아가는 단계라고 할 수 있다.

비유를 들면 검은 구름이 끼어 컴컴한 하늘의 구름과 구름 사이로 잠깐 동안 파란 하늘을 보는 것이 견도의 단계라면, 법화경의 독송과 함께 지관의 수행을 통하여 우리의 번뇌와 망상의 구름이 걷히고 항상 푸른 하늘과 같은 우리의 본성을 볼 수 있게 마음을 닦는 단계가 수도의 단계이다.

사람들이 일반적으로 수행한다고 말하는 것은 이 수도의 단계를 가리키는 것으로 수행을 좁은 의미로 보고 사용하는 것이다.

네 번째가 증득(證得), 또는 증과의 단계로서 당초 서원한 대로 수행의 일차적인 목표를 달성한 단계이다. 본래부터 갖추고 있는 우리 마음의 본성과 모든 현상의 실상을 확실하게 깨쳐 공부를 다 마쳤다고 할 수 있다.

법화 수행 입장에서 한 가지 주의할 점은 편의상 개념적으로 견도, 수도, 증득으로 나누어 설명하지만 실제 수행이 그렇게 엄격하게 단계에 따라 진행되는 것은 아니라는 점이다.

견도와 증득이 함께 일어날 수도 있고 수도와 증득이 동시에 이루어질 수도 있기 때문이다.

특히 증득이라 하여 기상천외한 그 무엇을 얻는 것이 아니고 우리 마음이 본래부터 갖추고 있는 '공적한 성품'과 '밝게 아는 성품'이 우리 마음의 본성임을 깨치는 것이며, 있는 그대로 제법의 실상을 깨쳐 아는 것이다.

이 모든 것은 부처님이 법화경에서 설한 대로 수행하면서 깨쳐 알고 가르침대로 확인해 가는 것에 불과하다는 것이다.

마지막 다섯째 단계는 행원(行願)의 단계로서 당초의 서원대로 배운 바를 실천하는 단계이다.

공부를 마친 사람은 이제 마음의 본성인 '공적한 성품'과 '깨쳐 밝게 아는 성품' 속에 늘 머물면서 세상 만물을 있는 모습 그대로 보며 생활할 수 있다.

깨친 바를 실제 생활 속에서 그대로 실천하고 아직도 미망과 고통 속에 있는 다른 사람들을 돕고 교화하는 일이 이 단계에서

할 일이다.

이렇게 수행의 단계에 따라 법화경의 가르침에 의한 법화 수행을 나누어 볼 수 있고 그렇게 보는 것이 법화경의 가르침과 그에 따른 법화 수행을 보다 쉽게 이해하게 한다.

발원 : 서품, 권지품, 안락행품의 일부
견도 : 방편품, 비유품, 신해품, 화성유품, 수기품 등
수도 : 안락행품, 법사품, 상불경보살품, 약왕보살본사품
증득 : 여래수량품, 분별공덕품 등
행원 : 묘음보살품, 관세음보살품, 보현보살품 등

법화 수행은 서품의 독송과 함께 시작한다.

수행을 해야 하겠다는 서원의 마음을 내서 독송을 하고 경에서 설한 대로 수행을 시작한다.

그러므로 서품, 권지품, 안락행품의 일부가 서원의 단계에 해당한다.

방편품에서 부처님은 법화 수행으로 얻은 불지혜로 제법 실상(諸法實相)을 깨치게 되었으며, 그 제법 실상이 무엇인가를 설하여 우리로 하여금 불지혜(佛智慧)를 보고 깨쳐 들어가게 해준다고 설한다.

그 설법을 듣고 불지혜가 열려 제법 실상을 곧바로 깨쳐 들어가는 것이 이 단계이다.

그러므로 방편품, 비유품, 화성유품의 독송이 곧 견도에 해당하고 지관(止觀)의 명상을 포함하여 여섯 바라밀의 수행을 설한 안락행품의 독송과 경에서 설한 대로 수행하는 것이 수도의 단계에 해당한다.

여래수량품과 분별공덕품의 독송이 곧 증득의 단계에 해당하여 우리 마음의 본성이 영원한 법신불이며 깨치고 보면 현실 그대로가 정토임을 깨치게 된다.

마지막으로 묘음보살품, 관세음보살품, 보현보살품 등의 독송으로 알게 된 보살행과 그동안 수행으로 깨친 바를 지혜와 자비의 마음을 가지고 현실에서 실천하고 교화하는 일이 행원의 단계가 된다.

그리하여 법화 수행을 안내하는 이 책은 자연스럽게 이러한 순서에 따라 구성되었다.

2. 발원 : 수행의 시작

(1) 마음의 고향을 찾아서

금생에서 죽기 전에 꼭 마쳐야 할 한 가지 여행이 있다. 그것이 바로 '참나'를 찾는 여행이다.

참나를 찾는 여행은 바로 '마음의 고향'으로 돌아가는 여행이다.

그동안 꾸준한 경제 발전의 결과로 우리들의 생활이 과거에 비하여 물질적으로 더 풍요로워진 것은 사실이지만 그만큼 모든 사람들이 행복해진 것은 아니다.

사람들이 행복해졌다면 무엇때문에 해가 거듭할수록 자살자들의 숫자가 증가하고 정신 이상자나 정신병자의 수가 증가하며 해가 거듭할수록 잔혹한 범죄는 증가하고 있는가 말이다.

지금 우리들이 이 세상에서 살아가고 있는 모습은 사람의 참된 모습이 아니다.

부모를 죽이고 어린 아이들을 폭행하고 서로 죽기 살기로 다투고 조금이라도 더 갖겠다고 아귀다툼을 한다.

이렇게 우리는 인간성의 고향을 등진 채 살아가고 있다.

구약 성서에서는 인간은 본래 낙원에서 행복하게 살았는데 '선악과'를 따 먹고 그 낙원에서 쫓겨났다고 한다.

불가에서는 우리 모두 본래 완전한 인간, 즉 부처인데 그것을 잊어버리고 서로 미워하고 싸우며 가난과 고통 속에서 살아가고 있다고 한다.

그러한 사람의 모습을 법화경 신해품에서는 '금은보화 가득한 자기 집을 버리고 이 집 저 집 걸식하고 다니며 고생하는 아들'에 비유하여 묘사하고 있다.

질병과 가난의 이 땅에서 근심과 두려움과 고통이 가득 찬 이 세상에서 평화와 행복이 가득한 우리들의 고향인 낙원으로, 니르바나의 땅으로 다시 돌아가는 길이 마음의 고향으로 가는 길이요, 스스로 부처인 자리로 가는 길이다.

자기 마음의 고향을 잃어버리고 자기가 본래 부처인 것을 잊은 채 근심하고 두려워하고 괴로워하면서 사는 것이 일상이 된 지 참으로 오래되었다.

그리하여 그렇게 싸우며 고통 속에 사는 것이 우리가 쉽게 바꿀 수 없는 삶의 방식이 되어 버렸다.

그러므로 잃어버린 마음의 고향으로 돌아가서 자기 스스로 본래 부처인 자리를 찾는 일이 결코 쉬운 일은 아니다.

그러나 우리는 그 일이 아무리 어렵더라도 반드시 그곳으로 돌아가야 한다. 그리고 잘 알려지지 않았지만 그곳으로 가는 확실하고 쉬운 길이 분명히 있다.

비유품에서는 고통 속에 살고 있는 중생들의 참상을 보고,
"부처님은 이렇게 생각하였나니,
나는 중생의 아버지로서
마땅히 그 고통에서 건져 내어
한량없고 그지없는 부처님 지혜(佛智慧)의 낙을 주어
자재히 즐겁게 노닐게 하리라."라고 말씀하신 것처럼 그 길을 부처님이 우리에게 가르쳐 주고 보여 준다.

그 확실하고 쉬운 길이 바로 묘법연화경의 길이다.
묘법연화경은 누구나 묘법연화경을 받아들여 독송하고 또 그 경에서 설한 대로 수행하면 모두 석가모니불과 똑같이 부처가 된다고 설하고 있다.
그러므로 고향으로 돌아가서 행복하게 살고 싶으면 곧바로 성불로 가는 열차를 타면 되는 것이다.

묘법연화경은 석가세존께서 열반하시기 전 8년간 설하신 궁극적 진리의 가르침이요, 바로 부처되는 길을 보여 준 경이다.

모든 생활 여건이 지극히 어렵고 인간성이 극도로 타락한 말법 시대의 불쌍한 사람들에게 특별히 남긴 이 묘법연화경을 독송하면 바로 석가세존을 만나서 그로부터 설법을 듣는 것이요, 묘법연화경을 수지 독송하는 것이 바로 용맹 정진이요, 지계(持戒)요, 두타행(청정한 수행)이라 한다.

　그러므로 우리는 무슨 일이 있어도 이 마지막 열차를 타고 마음의 고향으로 반드시 돌아가야 한다.

(2) 법화 수행

부처 되는 길로 가는 수행을 법화 수행이라 한다.

그 법화 수행은,

- 법화경을 믿고 받아들여 독송하고 해설하고 사경하는 것이며,
- 법화경에서 설한대로 수행하는 것을 말한다.

여기에는 선정과 지혜를 닦는 지관법(止觀法)이 당연히 포함된다.

법화경의 독송은 소리 내어 염송하는 것이다.

염송할 때,

- 첫째로 의식을 단전에 두고
- 둘째로 구태여 설법의 내용을 알려고 하지 말고 무조건 염송한다.
- 셋째로 염송할 때 설법의 내용에 대하여 가타부타 판단하거 나 분별하지 말아야 한다.

법화경의 독송은 보통 책 읽듯이 하는 것이 아니다.

어릴 때부터 책 읽는 버릇이 붙은 사람들은 법화경을 독송하는 것도 보통 책 읽듯이 하려 한다.

그리하여 눈으로 읽고 머리로 그 뜻을 해석하여 기억하려 한다. 법화경의 독송은 그렇게 하는 것이 아니다.

물론 필요에 따라서 법화경의 설법 내용이 어떤 것인가를 알기 위하여 보통 책처럼 읽을 때가 있다.

그러나 법화 수행으로서 하는 독송은 그렇게 하는 것이 아니고 소리 내어 염송하는 것이다.

매일매일 그렇게 독송하면 어느 순간 자연히 경의 내용을 그대로 알게 되고 자연히 불지혜(佛智慧)를 얻게 된다.

이것을 법화경에서는 자연지(自然智)라 부른다.

(3) 법화경 독송과 수행

우리나라에서는 견성하기 위하여 참선을 하는 것이 수행이지, 경을 독송하는 것이 무슨 수행이 되겠느냐고 생각하는 경향이 많다.

심지어는 참선을 위주로 수행할 때는 경을 포함하여 어떤 책도 읽지 못하게 하는 경우도 많다.

중국에 선불교를 전한 달마 대사는,
"견성이 곧 선(見性爲禪)이요,
견성하면 곧 부처(見性卽是佛)."라고 말하였다.

그런 전통에 따라 수행자들은 문자에 의지하지 않고 참선하는 것만이 수행이라 여긴다. 그리하여 경을 읽는 것은 달 대신 '달을 가리키는 손을 보는 것'이요, 남의 창고에 있는 재물을 세는 것이라 생각하고 금기시한다.

그러므로 이제부터 법화경 독송이 왜 바로 '달을 보는' 수행이 되는지 잠시 생각해 보도록 한다.

첫째로 무상의 큰 깨달음을 성취하고 모든 것을 다 아는 지혜(一切種智)와 모든 것을 다 보는 눈(佛眼)을 가지신 석가모니불께서 법화경을 수지 독송하면 누구나 다 부처가 된다고 하였기 때문에 법화경의 독송이 곧 수행이 되는 것이다.

둘째로 법화경은 부처님의 일체 법과 부처님의 일체 신통력과 부처님의 일체 비법과 부처님의 일체 교화하는 일이 모두 들어 있어 누구나 그것을 독송하면 법화경이 갖는 묘법(妙法)의 작용을 받아 수행자의 마음이 변하고 교화(敎化)되어 깨치게 된다.

보현보살권발품에서, '법화경을 수지 독송하는 것은 곧 부처님을 보는 것이요, 그 부처님의 입으로부터 설법을 듣는 것'이라고 설하고 있다.

과거의 부처님들과 보살을 비롯한 모든 수행자들은 모두 부처님으로부터 직접 가르침을 받아 도과를 이루었다.

부처님으로부터 직접 진리의 가르침을 받는 것이니, 그 누구로
부터 가르침을 받는 것보다 효과적인 수행이 아닐 수 없다.

선불교를 중국에 전한 달마 대사가 중국에 올 때 가지고 온 유
일한 경전인 능가경에서는,
  '보살이 마의 경계에 떨어지지 않고
  성문의 경지에 떨어지지 않고
  속히 무상의 깨침을 얻고
  여래지의 지위(如來地)에 들게끔
  부처님이 가지력으로 가호하신다'고 설하고 있다.

그리고 화엄경에서,
  '보현보살이 비로자나불신삼매에 드는 것도
  비로자나 부처님의 본원력(本願力),
  즉 부처님의 힘(佛力)으로 된 것'이라고 한다.

법화경에서 부처님은,
  '사람들이 불지혜를 깨닫게 하여
  부처님과 똑같이 성불하게 하여 주신다'고 설하고 있다.

결국 속히 성불하는 것은 자력만으로 되는 것이 아니고 부처님

의 힘(佛力)과 법화경의 힘(法力)의 도움이 있어야 한다는 것이다.

셋째로 법화경을 독송할 때 수행자는 몸과 마음 전체를 사용한다.
우선 의식을 단전에 두어 모든 세포와 의식을 집중하고 깨어 있게 한다.
그리고 눈으로 보고 입으로 소리를 내어 독송하고 그 독송하는 소리를 귀로 듣는다.
뜻을 알려고 하지 않아도, 이렇게 몸과 마음 전체로 독송을 하면 '자연히' 법화경의 진리와 가르침을 세포 하나하나가 그대로 깨치고 알게 된다.

도겐(道元) 선사는,
"몸과 마음 전체로 무엇을 보고 소리를 들으면
그것과 일체가 되고 따라서 그것을 완벽하게
이해하게 된다."고 했다.

법화경 독송을 온몸과 마음으로 하면 법화경 자체가 되는 것이요, 분별과 판단이 없는 독송 그 자체가 되는 것이다.
그 순간 몸도, 마음도, 나도, 대상도 없고 독송자와 경이 일체가 되고 독송 그 자체가 된다.
다시 말하면, 묘법연화경과 내가 한 몸이 되는 것은 내가 진리와 일체가 되는 것이요, 내가 진리체, 즉 법신(法身)이 되는 것이다.

그래서 법화경 법사품에서 '자연지(自然智)와 일체종지를 얻고자 하면 법화경을 독송하라'고 한 것이다.

일체 현상과 사물의 본성이 공(空)하여 있는 그대로 실상이라는 것도 매일매일 독송하면 우리 몸과 마음이 그냥 알게 된다.

넷째로 법화경을 독송하면 모든 번뇌 망상이 다 소멸한다고 법화경은 설하고 있다.

부처님의 가르침에 의하면 사람은 누구나 다 불성을 가지고 있으며, 본래 깨어 있는데 오직 구름이 푸른 하늘과 태양을 가리고 있듯이 모든 번뇌 망상이 깨끗한 진여의 마음을 가리고 있어 모를 뿐이라고 한다.

석가세존께서 보리수 밑에서 크게 깨치고 나서, "기이하고 기이하도다. 온 세상의 중생들이 모두 여래의 지혜(如來智慧)와 덕상을 가지고 있는데도 다만 망상과 집착으로 인해 깨닫지 못하고 있구나. 만약 망상만 여읜다면 곧 청정한 지혜, 자연적인 지혜(自然智), 스승 없이도 스스로 아는 지혜(無師智)가 저절로 현전할 것을." 하고 탄식하였다고 한다.

그리고 능엄경에서, '상을 인식하고 생각하는 것이 바로 티끌이요(想相爲塵), 분별하는 마음이 곧 때이니라(識情爲垢).'고 하였다.

"이 두 가지를 멀리 여의면 진리의 눈이 밝아져 어찌 위없는 깨달음을 성취하지 않겠는가?"라고 부처님께서 아난다에게 말씀하였다.

중국의 유명한 선승 마조 대사도,
"도는 닦을 필요가 없다.
다만 오염되지 않으면 된다."고 하여 분별하지 않는 평상심이 곧 도라 하였다.

그는 어떻게 도를 이룰 수 있는가 라는 제자의 질문을 받고,
"자신의 본성(自性)은 본래 구족(具足)되어 있으니
마음이 세상사의 선악에 이끌리지 않으면
그 사람을 수도인이라 말한다."고 대답하였다.

번뇌 망상의 때만 떠나면 곧 견성하고 깨치게 된다는데 법화경을 독송함으로써 그 번뇌 망상이 소멸하여 우리의 깨끗한 마음이 저절로 드러나는 것이다.

법화경 약왕보살품은 묘법연화경을 듣고 설함과 같이 수행하면, '다시는 탐욕에 시달리지 않고 성냄과 어리석음에 시달리지 않으며, 모든 번뇌에 시달리지 않는다'고 설하고 있다.

그러므로 법화경 견보탑품은, '법화경을 수지 독송한다는 것 그 자체가 용맹 정진이요, 청정지계요, 두타행'이라고 한 것이다.

다섯째로 과거 많은 부처님들과 보살들이 법화 수행을 하고 성불했거나 성불할 것이라 수기를 받았다.

우선 석가모니 부처님도 전생에 법화 수행으로 성불하였다.

석가세존이 아난다와 다른 제자들에게 우리의 참마음(常住眞心)과 밝은 본성(性淨明體)을 깨닫는 지관의 수행법을 설한 능엄경에 보면, '마하가섭, 미륵보살과 지장보살이 견성은 하였어도 법화 수행을 한 후에야 성불할 것'이라는 수기를 받았다.

이러한 사실은 선가(禪家) 수행의 중요한 텍스트인 능엄경에서 확인할 수 있다.

선불교의 시조인 마하가섭은 능엄경에서 자신의 원통(圓通) 경험을 말하고 있는데, 과거 일월등명불 밑에서 설법을 듣고 수행하였다고 한다.

그는 보고 듣는 대상 세계가 공적한 멸진정을 닦았고 석가모니불을 만나 공법(空法)을 닦아 모든 번뇌가 소멸하여 아라한이 되었다.

그런데 법화경에 보면 과거 일월등명불은 열반하기 전에 법화경을 설하였고, 그때 마하가섭은 법화경을 들었을 것이라고 볼 수 있다. 그리고 금생에 석가모니불이 법화경을 설법할 때 참석한 마하가섭은 수보리 등과 함께 장차 성불할 것이라는 수기를 받는다.

또 석가모니불로부터 다음에 부처가 될 것이라는 수기를 받은 미륵보살 역시 과거 일월등명불 밑에서 유심식정(唯心識定)이란 선법(禪法)을 익히고 연등불 밑에서 식심삼매(識心三昧)를 닦아 '있음과 없음(有無)', '깨끗함과 더러움' 등 모든 분별은 자기 마음에서 생기는 것임을 알아 견성하였다.

미륵보살도 일월등명불과 석가모니불로부터 법화경을 들었고 그 결과로 다음에 부처가 될 것이라는 수기를 받았다.

지장보살은 과거에 보광여래 밑에서 비구로서 수행할 때 사람이 다니는 길을 평탄하게 하는 일을 많이 하였다.

그때 비사부여래가 그에게 한 '마음을 평탄하게 하면 세계의 땅이 두루 평탄하여질 것이다.'라는 말을 듣고 심안이 열려 우리 몸의 미진(微塵)과 세계의 미진은 그 본성이 같아 아무런 차별이 없으며, 그것이 곧 여래장(如來藏)임을 깨달았다.

그렇게 하여 그는 아라한의 단계를 지나 보살의 지위에 들어갔다. 그리하여 그는 모든 부처님이 설한 법화경의 불지견(佛知見)을 듣고 먼저 증득하여 수행자의 상수(上首)가 되었다. 이것이 지장보살이 직접 자신의 원통 체험을 이야기한 내용이다.

이것으로 미루어 알 수 있는 것은, '견성은 말할 것도 없고 성불하여 궁극적으로 부처가 되려면 법화 수행을 해야 한다는 사실'이다.

더구나 법화 수행은, '법화경의 독송뿐만 아니라 선정과 지혜를 함께 닦는 지관(止觀)의 참선법을 모두 포함하고 있으므로 선정 위주의 수행에 비하여 보다 균형 잡힌 수행법'이라 할 수 있다.

달마 대사가 중국에 처음 왔을 때 그는 면벽한 채로 좌선만 했다고 한다.

이미 깨쳐 중도실상을 터득한 그가 그렇게 면벽하여 참선하는 모습을 보인 것은 당시 불교 경전만 읽고 염불만 하고 불상에 공양하고 복을 비는 일만 하고 있는 중국의 수행자들의 편향된 수행 습관을 고쳐 주기 위한 방편이었다. 고기만 편식하는 아이들에게 야채도 먹어야 한다고 강조하는 방편의 가르침이었을 것이다.

그렇게 좌선 수행을 강조하는 가운데 불교 수행은 어느덧 참선 일변도의 수행으로 변했다. 그리하여 참선이 아니면 수행이 아니라고까지 여기게 된 것이다.

석가모니불 생존 시에 수행자들은 석가세존으로부터 설법을 듣고 세존이 가르쳐 준 대로 지관의 참선을 하여 모두 득도하였다. 그러므로 선정 위주의 수행도 올바른 수행이 아니고 반대로 독경 위주의 수행도 올바른 수행이 아니다.

올바른 수행은 묘법연화경을 수지 독송하고 그 경이 설한 대로 지관의 참선을 함께 하는 것이다.

(4) 수행의 시작

법화경 서품을 독송하기 시작함과 동시에 법화 수행은 시작된다.

서품에서 석가모니 부처님은, 깊은 삼매에 계시면서 미간에서 빛을 놓아 동방의 여러 세계를 비추어 법회에 참석한 사리불, 마하가섭 등 성문 제자들과 문수사리보살, 미륵보살 등 많은 보살들과 법화경의 설법 장소가 있는 마가다국의 아사세 왕과 그 권속들로 하여금 그 세계의 중생들이 지은 업에 따라 윤회 전생하는 모습을 보여 준다.

어떤 사람은 온갖 악행을 하며 살다가 많은 고통을 받고 죽어서는 지옥에 떨어지고, 어떤 사람은 축생의 짓을 하다 죽어서 짐

승이 되고, 어떤 사람은 남과 싸우길 밥 먹듯 하는 아수라행을 하고 끝없는 탐욕의 아귀행을 하다 다음 생에 아수라나 아귀가 되는 것을 보여 준다.

또 어떤 사람은 비록 어려운 환경에 살면서도 착하게 살다 다음 생에 다시 좋은 환경의 인간으로 태어나는 것을 보여 준다.

이와 같이 사람은 자기가 지은 업에 따라 각기 다른 모습으로 지옥, 아귀, 축생, 아수라, 인간, 천계의 여섯 가지 세계에 각기 태어나는 것을 일목요연하게 보여 준다.

이것이 다음 생만의 일은 아니다. 금생에서도 짐승 같은 짓을 하면 그 순간 바로 축생이 되고, 이웃 사람과 죽기 살기로 싸우면 그 순간 아수라가 되고, 남의 것을 빼앗아 자기 배만 채우려고 남과 아귀다툼하면 그는 아귀가 된다.

또한 부처님들이 설법하는 광경을 보여 주고 그 설법을 듣고 보살들이 보시, 지계, 인욕, 정진, 선정, 지혜의 여섯 가지 바라밀을 닦고 수행하는 모습을 보여 준다.

또 어떤 사람들은 부처님 설법을 듣고 그들의 근기를 따라 성문이나 벽지불이 된다.

석존은 한마디의 말씀도 없이 오직 신통력으로 수많은 동방 세계의 중생들이 윤회전생(輪廻轉生)하는 모습과 수행자들이 수행하는 모습만 보여 줄 뿐 아무 말씀이 없다.

또한 지금 눈앞에 전개되고 있는 광경은, 꿈속에서 보는 광경 같고 마술사가 마술로 만들어 낸 광경을 보는 것과 조금도 다르지 않음을 보여 준다.

이렇게 하여 현실 세계에서 보이는 모든 현상과 사물도 이것처럼 우리 마음이 만들어 내는 것임을 알게 한다.

세상 사람들은 눈앞에 보이는 모든 것이 실재하는 현실이라 굳게 믿고 그것들을 있다 없다, 좋다 나쁘다 하고 분별하여 그것들에 집착한다.

그러나 그것이 오직 자기 마음이 만들고 자기 마음이 분별한 것이라는 것을 알게 되면 실재한다는 착각도 하지 않을 것이며, 실재하지도 않는 것을 있느니 없느니, 좋으니 싫으니 하고 쓸데없이 분별하고 집착하지 않을 것이다.

이것이 바로 말없는 설법이다.

백 마디 말보다 이렇게 한 번 보여 주는 것이 훨씬 힘 있는 가르침이 된다.

이런 놀라운 광경을 보고 미륵보살과 청법 대중이 매우 궁금해한다는 것을 안 문수보살은 아주 오랜 과거에 일월등명이란 부처님도 지금과 똑같은 광경을 연출한 다음에 묘법연화경을 설했다고 알려 준다.

그렇게 빛을 놓아 여러 세계를 비추는 것은 모든 사물과 현상

의 참된 모습, 즉 제법 실상(諸法實相)을 설하기 위한 부처님들의
의식이라고 한다.

그 일월등명불은 오랫동안 법화경을 설한 후 모든 대중을 모아
놓고,
　　"나는 너희들에게 제법 실상의 뜻(諸法實相義)을 다 설하였고,
　　또한 덕장보살이 제법 실상의 뜻을 이미 다 통달하여,
　　다음에 부처가 되리라는 수기를 받았으므로
　　나는 오늘 밤중에 열반에 들겠노라" 하고 선언하였다.

일월등명불이 열반에 든 후 묘광보살(전생의 문수보살)이 오랫동
안 법화경을 설했는데, 그 부처님 출가 전 여덟 왕자들이 그로부
터 법화경을 듣고 모두 성불하였다.

이 서품에서 석가모니 부처님은 말없는 설법을 통하여,
　　첫째, 법화 수행에 대한 큰 호기심을 일으키고,

　　둘째, 사람은 한 번의 생으로 모두 끝나는 것이 아니고 그가 지
은 선악의 업에 따라 계속 윤회전생 한다는 것을 알게 한다.
　　한 번의 생으로 모든 게 끝나는 것이 아니며, 죽어도 죽는 것
이 아니다. 그러므로 죽는 것을 두려워하기보다는 다음 생에 무

엇으로 그리고, 어떤 모습으로 태어날지를 두려워해야 한다. 그리고 현생에서도 우리는 그 누구도 인과응보의 법에서 벗어날 수 없다.

우리는 우리가 마음과 몸과 입으로 지은 업에 따라 과보를 받으므로 불행을 피하고 싶으면 불행을 가져오는 나쁜 업(業)을 짓지 말아야 하고 수행을 통하여 업을 소멸시키도록 해야 한다는 것이다.

셋째, 눈에 실제처럼 보이는 모든 현상과 사물은 꿈속의 현상이나 마술로 만든 사물처럼 실체성이 없는 것이므로 그것을 분별하고 집착하지 말아야 한다는 것이다.

넷째, 부처님은 처음에는 방편 설법으로 교화하다가 열반하기 전에 비로소 최고의 진리인 묘법연화경을 설하고,

다섯째, 그 최고의 진리는 제법 실상이며,

여섯째, 최고의 진리를 설한 법화경을 듣고 법화 수행을 하면 성불한다는 말없는 가르침을 우리에게 준다.

3. 견도(見道) : 제법 실상(諸法實相)

(1) 불지혜(佛智慧)와 제법 실상

이 견도의 단계에 해당하는 방편품에서 석가세존은 모든 현상과 사람의 참모습을 말하고 그것을 깨칠 수 있는 불지혜를 우리 모두가 본래부터 갖추고 있으며, 그것을 우리에게 보여 주고 깨닫게 해주겠다고 말씀한다.

불지혜를 가지고 깨치는 것이 제법 실상인데, 우리는 여기에서 제법 실상이 무엇인지에 대한 부처님의 설법을 듣고 직접 깨쳐 들어가야 한다.

서품에서 부처님은 깊은 삼매 속에서 신통력으로 미간으로부터 빛을 발하여 동방의 만 팔천 세계를 비추어 인간 생활의 여러 가지 모습을 보여 주었다.

그리고 이제 방편품의 시작과 함께 부처님은 비로소 깊은 삼매에서 나오시어 사리불을 비롯한 청법 대중에게 중대한 선언을 하신다.

부처님이 깨친 불지혜(佛智慧)는 너무 깊기 때문에 너희들이 사량 분별하는 능력으로는 도저히 알 수 없는 것이다. 석가세존은 과거 여러 부처님 밑에서 법화경을 듣고 닦은 불지혜에서 무상의 진리를 깨쳤는데 그것은 오직 부처님들만이 아는 제법 실상(諸法實相)이라는 것이다.

그리하여 방편품에서 부처님은,
"부처님께서 성취하신 바는
제일 희유하여 깨치기 어려운 법으로
오직 부처님만이 능히 온갖 것의 실상을
깊게 끝까지 다 깨달았느니라.
소위 모든 현상과 사물은
이와 같은 모양 그대로,
이와 같은 성품 그대로,
이와 같은 몸체 그대로,
이와 같은 힘 그대로,
이와 같은 작용 그대로,
이와 같은 원인 그대로,
이와 같은 인연 그대로,
이와 같은 결과 그대로,

이와 같은 과보 그대로,

이와 같은 근본과 지말이 평등하여

있는 그대로 실상(實相)이니라." 하고 말씀하신다.

여기에 인용한 경문의 내용 가운데,

'이와 같은 모양(如是相),

이와 같은 성품(如是性),

이와 같은 몸체(如是體),

이와 같은 힘(如是力),

이와 같은 작용(如是作),

이와 같은 원인(如是因),

이와 같은 인연(如是緣),

이와 같은 결과(如是果),

이와 같은 응보(如是報),

이와 같은 근본과 지말이 같은 것(如是本末究竟等)'은 모든 현상
과 사물의 열 가지 측면을 말하고 '이와 같은', 즉 '여시(如是)'라는
말은 사물과 현상의 참된 모습을 가리키는 말이다. 여시는 사물
의 본성인 공(空), 진여(眞如)와 같은 뜻으로 모두 있는 그대로의 제
법 실상을 나타내는 말이다.

사람도 모양과 성품과 몸체를 가지고 있으며, 크고 작은 힘과

능력을 가지고 있어서 여러 가지 일을 하고 작용을 한다.

그것이 원인이 되고 주위의 환경과 여러 가지 인연을 만나 여러 가지 결과와 과보를 가져온다. 장난이 심한 성품에 키 큰 체격을 한 힘센 한 학생이 야구공을 던져 학교의 유리창을 깨뜨리고 그것 때문에 처벌을 받게 되는 것을 생각해 보면 쉽게 이해될 것이다.

사람뿐만 아니라 사물과 현상 모두 이 열 가지 측면을 다 갖추고 있다.

태풍을 예로 보더라도 모양과 성질과 몸체와 힘을 가지고 있으며, 여러 가지 인연에 의하여 그러한 모양과 성질과 몸체와 힘이 형성된다. 그 인연이 다하면 태풍의 모양과 힘이 소멸된다. 태풍으로서 존재하는 동안에 여러 가지 인연을 만나서 태풍이 갖고 있는 힘이 작용하고 그 영향권에 있는 집이며 나무 등을 파괴하는 결과를 가져온다.

위에 인용한 부처님의 제법 실상에 관한 설법은,

첫째로 사물과 현상의 존재하는 모습으로 그러한 사물과 현상은 인연에 의하여 생성되고 작용하다가 소멸한다는 연기법(緣起法)을 가르쳐 주고,

둘째로 연기적 존재이므로 모든 사물과 현상은 그 궁극적 본성

54

이 공(空)하여 있는 그대로 실상이라는 것을 가르쳐 주며,

셋째로 우리가 보는 현상과 사물은 현상과 사물의 근본인 진리의 나타남이라는 것을 우리에게 가르쳐 준다.

이러한 가르침을 통하여 우선 알아야 할 것은 연기법이다.

이 세상의 삼라만상은 모두 인연에 의하여 생성되고 소멸한다.

우리가 사는 '집'을 보더라도 흙과 나무와 벽돌, 시멘트, 철근 등 여러 가지 건축 자재와 많은 인력이 모이고 참여하여 만들어진 구조물이다. 그 구조물에 '집'이라고 이름을 붙여 부른다.

장미꽃 한 송이도 장미꽃이 아닌 많은 다른 요소들이 모이고 참여하여 생성된 것으로 '장미꽃'이라고 부를 뿐이다.

장미꽃 한 송이에 온 우주가 들어가 있다고도 볼 수 있다.

'사람'도 그러하고 '나'라는 존재도 모두 인연 화합으로 생겨난 것이다.

이와 같이 무엇 하나가 생성되는 데 모두가 서로 참여하기 때문에 어느 것 하나 홀로 이루어지고 홀로 존재하는 것은 아무것도 없다. 그러므로 '내'가 '남'을 해치는 것은 곧 '나'를 해치는 것이 되고 남을 돕는 것은 곧 나를 돕는 것이 된다.

그 다음으로 알아야 할 것은 현상적인 면에서 보면 연기적 존

재인 '집'은 분명히 존재하지만 본성의 측면에서 보면 그 집은 '집'이라고 할 만한 고정불변의 실체성이 없는 빈 공(空)이라는 사실이다.

고유한 실체성이 없음은 집 전체로 보아도 그렇고 구성 요소 하나하나를 미립자의 수준까지 내려가 쪼개고 또 쪼개어 분석해 보아도 확인할 수 있다.

능엄경에 보면, '아주 미세한 물질(微塵)을 쪼개면 인허진(隣虛塵)에 이르고 이 인허진을 다시 쪼개면 곧 공(空)이 되며, 이 공에서 사물(色相)이 나온다'고 한다.

나갈쥬나(Nagarjuna. 용수보살)의 지적과 같이, "세상에 연기되어 일어나지 않는 현상은 없기 때문에 공(空)하지 않은 현상은 하나도 없다."

그러므로 엄밀한 의미에서 있다고도 할 수 없고, 그렇다고 아무것도 없는 무(無)의 존재라고도 할 수 없다.

왜냐하면 우리들이 그 속에서 추위와 비바람을 피하고 생활을 하고 있기 때문이다.

그리하여 이것을 '있는 것도 아니요 없는 것도 아니다(非有而非無)'라고 한다.

범부들은 현상이 실제로 존재한다고 굳게 믿고 집착하지만 조금 지혜가 열린 사람은 그 실체성이 없는 공(空)만을 보고 그에 집착한다.

그리하여 법화경에서는 그 두 가지를 다 초월하면서 다 포용하는 중도실상(中道實相)을 설하고 있는 것이다.

현상은 본성이 공(空)하지만 인연 따라 임시로 모인 무시할 수 없는 존재이므로 두 가지를 다 함께 보아야 비로소 사물의 참모습인 실상(實相)을 보게 된다.

그리하여 모든 현상은 그 본성이 공하여 있는 그대로 실상이라고 하는 것이다.

모든 것은 본성이 비어 있으므로 조그마한 미물이라도 '하찮은 것'이 아니요, 크고 아름다운 것이라 하여 '고귀한 것'도 아니고 모두 다 있는 그 모습 그대로 그 성품 그대로 다 진실상이다.

'하찮음'과 '귀함'은 사물의 본질적 속성이 아니고 우리가 사물의 겉모습만 보고 그렇게 분별하고 인식하는 것일 뿐이다.

포악한 성품도 착한 성품도 그 궁극적 본성에서 보면 역시 공(空)이다.

'포악성'도 '착한 성품'도 영원히 변치 않는 본질적 속성이 아니기 때문에 얼마든지 변할 수 있다.

영원히 변치 않는 포악성이 포악한 사람의 본질적 속성이라면 그는 항상 포악하여야 하지만 그런 사람도 때때로 양순할 때가 있다. 그러므로 포악성이라는 것도 실체성이 없는 공한 것이다.

그리하여 원효 스님은,
"본질에서 보면 일체가 다 하나의 진리다.
어느 것 하나 참되지 않은 것이 없다.
참되고 한결같다고 하여 본체만 좋아하고
생성과 소멸을 거듭한다고 세속적인 사물과 현상을
싫어하고 버려서는 안 된다."고 말씀하셨다.

마지막으로 알아야 할 것은 모든 현상은 진리의 나타난 모습이라는 것이다.

나무의 뿌리와 가지와 잎은 나무의 씨앗에서 나온 것이듯 모든 현상도 그것의 궁극적인 본성인 공(空)에서 나온 것이다. 그러므로 우리가 마시는 물도 공에서 나오고 공과 다르지 않다.

공에서 미립자들이 나오고 그것들이 인연 따라 결합하여 수소와 산소 원자가 되고 수소와 산소가 결합하여 물이 되고 물이 모습을 바꾸어 구름도 되고 눈도 된다.

궁극적으로 보면 구름이란 현상과 그것의 뿌리인 공은 같은 것이다.

그리하여 법화경은, '진리는 항상 현상(世間相)의 모습으로 존재하고 현상과 근본인 진리는 궁극적으로 같아 있는 그대로 실상'이라고 한다.

나무가 씨앗의 나타난 모습이듯이 모든 현상은 공이라는 본성의 나타난 모습이다.

화엄종에서 말하는 바와 같이 진리는 현상에 의탁하여 그 모습을 드러낸다(託事顯法).

바꾸어 말하면 현상은 진리의 표현이며, 진리와 현상은 별개의 존재가 아니다.

진리가 곧 현상이고 현상이 곧 진리라는 것이다.

현상이 곧 공이요, 공이 곧 현상으로 아무런 차별이 없다.

바닷물과 그로부터 일어난 파도는 다른 것이 아니고 같은 것이듯 모든 현상도 그것이 나온 근본과 결국은 같다.

그러므로 생사와 열반도 다르지 않고 같은 것이다.

부처님은 범부 중생들이 눈앞에 보이는 모든 현상과 사물이 실재하는 것이라고 잘못 인식하고 그에 집착하여 고통 받고 있는 것을 안타깝게 생각하여 처음에는 그러한 현상을 허공에 핀 꽃처럼 실체가 없는 존재라고 가르쳐 집착을 끊게 하였다.

그리하여 금강경에서 '모든 상(相)이 상이 아님을 알면 즉시 여래를 보고 깨친다'고 한 것이다.

다시 말하면, 중생들이 집착하는 상(相)에 대하여 무상(無相)이 실상(實相)이라고 가르친 것이다.

중생들이 실(實)이라 여기는 현상계, 즉 유상(有相)의 세계에 대하여 현상의 본성인 공(空)의 세계, 즉 무상(無相)의 세계가 곧 실상이라고 설하셨다.

그러나 이것만이 진실이라고 생각하는 것은 또 하나의 변견(邊見)이 된다.

눈앞에 펼쳐져 있는 이 현상계는 비록 그 본성이 비어 있긴 해도 전혀 없는 것(無)은 아니고, 우리가 그 속에서 그것을 이용하여 살고 있으니 부정할 수 없는 현실이다.

그러므로 법화경에 이르러 상과 무상을 다 포용하는 중도실상(中道實相)을 설한 것이다.

법화삼부경의 하나인 무량의경에서 '상이고 상이 아니고가 없고(無相不相), 상이 있고 상이 없고가 아닌 것(不相無相)이 실상이다'고 한 것이다.

결론적으로 말하면 모든 현상(諸法)은 있는 모양 그대로 실상(如

是相)이요, 그 성질 그대로 실상(如是性)이고 그 능력과 그 작용 그 대로 실상이다.

그러한 능력이 그러한 인연과 조건을 만나 그러한 과보를 가져 오는 이러한 모든 것이 있는 그대로 진실상(實相)이다.

모든 법은 현상적으로 보면 인연 따라 생기고 인연 따라 여러 가지 작용을 하다가 인연이 다하면 소멸하는 연기적 존재요, 궁 극적으로 보면 그 본성이 공(空)하여 있는 그대로 진실상이라는 것이다.

그리하여 방편품과 안락행품에서 '모든 현상과 사물은 본성이 공(空)하여 있는 그대로 실상(實相)'이라고 말한 것이고, 이것이 현 상과 본질을 원융하게 포용하는 제법 실상의 뜻이다.

모든 현상의 진실 된 모습, 즉 제법 실상(諸法實相)은 부처의 지 혜가 있어야 알 수 있는 궁극적 진리이다.

그 진리는 우리들의 능력으로는 깨치기 어렵기 때문에 부처님 이 제법 실상의 진리를 아는 불지혜를 우리들에게 열어서(開佛知 見) 보여 주고(示佛知見), 깨닫게 해주고(悟佛知見), 그리고 그 속에 들 어가게(入佛知見) 해줄 것이며, 그리고 이러한 교화 불사(敎化佛事)가 부처님들이 이 세상에 나오신 가장 큰 이유(一大事因緣)이다.

신해품에서 설한 것처럼 우리는 모두 '여래의 지혜가 있는 보배광을 가지고 있다.'(當有如來知見寶藏之分)

이러한 부처의 지혜를 모든 사람들이 다 가지고 있다는 사실을 아는 부처님께서 그 지혜가 있는 우리의 보배광의 문을 열어서 그 속에 있는 불지혜라는 보물을 우리에게 보여 주고 깨치고 그 지혜 속에 들어가게 하여 누구나 다 본래 부처임을 알도록 해준다고 하는 것이다.

이와 같이 우리들로 하여금 모든 것을 다 아는 불지혜를 증득하게 하여 석가모니불과 조금도 다름없는 부처가 되게 해주는 것이 부처님의 소원이다.

그리고 그것은 부처님으로부터 묘법연화경을 듣거나 독송하고 법화경에서 설한 대로 수행하면 되는 것이다.

이것이 성불하는 가장 빠르고 손쉬운 큰 길, 즉 일불승의 길(一佛乘大道)이다.

일불승이란 곧바로 성불이란 목적지로 가는 빠르고 큰 수레를 말하며, 그것을 타면 누구나 쉽게 성불한다는 것이다.

마치 비행기나 고속 열차를 타고 쉽게 목적지에 가는 것과 같은 것이다.

이 얼마나 기쁜 소식인가. 하루하루 시장에서, 공장에서, 직장에서 가족들을 먹여 살리기 위하여 치열하게, 그리고 바쁘게 살고 있는 모든 직장인과 생활인에게 이처럼 기쁜 소식은 없을 것이다.

이것이 바로 부처님께서 모든 생활 여건이 어렵고 수행 환경이 아주 나쁘고 수행자의 능력도 떨어지는 이른바 말법 시대(末法時代)의 중생들을 위하여 바로 부처되는 큰 길인 이 '묘법연화경'을 남기신 이유이고 대자대비의 마음이다.

그리하여 부처님은 약왕보살 등 보살들에게 '이 법화경은 말법 시대의 중생들에게 꼭 필요한 약이니 잘 지키도록 하라'고 당부하신다.

〈생활 속의 인과응보와 연기법〉

인과응보와 연기법을 포함한 제법 실상의 가르침을 추상적으로 이해하기보다는 현실 생활 속에서 실천하면서 그 구체적 의미를 알고 깨칠 때 부처님의 가르침은 더욱 빛을 발한다.

어느 날 대학 입학시험에 떨어지고 실의에 빠져 있던 한 학생이 한 스님을 찾아갔다.

"저는 그동안 정말 열심히 공부하였는데 이번에 떨어졌습니다. 너무 속상합니다." 하고 그 학생이 말을 했다.

"공부를 전교에서 1, 2등 하는 학생도 시험을 잘못 칠 수 있다. 사람들은 그것을 운이 나빴기 때문이라고 하지만 그것은 학생이 지금까지 지어 온 업(業)의 결과에 지나지 않는다."

"잘 이해가 안 됩니다."

"흔히 사람들은 자기가 노력한 만큼 얻는다고 하지만 꼭 그렇지 않다. 어떤 사람은 노력을 100만큼 했는데 100이라는 성과를 얻고 어떤 사람은 똑같이 100만큼의 노력을 했는데도 120이라는 성과를 얻는 경우가 있다. 그것을 흔히 우연이라고 하지만 불법에서 보면 세상에 우연은 없다."

"그러면 무엇 때문에 그러한 차이가 생기는 것인가요?"

"그것은 그 사람이 지금까지 마음과 말과 행동으로 지은 업 (業) 때문이다. 공부 잘하는 학생이 떨어지는가 하면 공부를 그렇게 잘하지 못하는 학생이 붙기도 하는 것이 다 업의 결과라는 것이다."

"저는 제가 무엇을 그렇게 잘못했는지 모르겠습니다."

"우선 너는 공부를 열심히 했다고 하지만 잘 반성해 보면 정말 최선을 다하지 못했다는 것을 알 것이다. 그리고 내가 듣기로 너는 집에서 부모님이 너에게 요구하고 바라는 것들을 잘 따르지 않았고 또 네 동생이 원하는 것을 잘 들어주지 않았다. 심지어는 공부에 방해되는 음악 소리를 좀 줄여 달라는 동생의 부탁까지도 잘 들어주지 않았다."

"그것이 뭐 그렇게 큰 잘못입니까?"

"그것들은 몇 가지 예를 든 것에 불과하고 사실은 금생에서 네가 지은 업은 말할 것도 없고 전생에 지은 업까지 다 고려하면 엄청날 것이다. 그것들은 너도 모르고 나도 모른다. 다만 전생과 후생을 다 볼 수 있는 부처님의 말씀인 만큼 우리는 그것을 믿고 따라야 한다."

"좀 더 알기 쉽게 설명해 주십시오."

"상식적 수준에서 한 번 생각해 보도록 하자. 이 세상의 모든 것은 홀로 생겨나고 홀로 존재하는 것은 하나도 없다. 장미꽃 한 송이도 흙이며 물이며 햇볕 등 여러 가지 요소가 참여하고 협력하여 피는 것이다. 장미꽃은 씨앗의 힘만으로 싹 트고 자라서 꽃을 피우는 것은 아니다. 마찬가지로 한 사람이 태어나고 자라서 교육받고 취직하고 성공하는 이 모든 것이 전부 자기 자신의 힘으로 되는 것이 아니고, 전부 자기가 아닌 남들이 도와서 그렇게 되는 것이다. 대학에서 너를 뽑아 주어야 입학이 되는 것이고 사회에 나가서 취직할 때도 직장에서 너를 뽑아 주어야 취직이 되는 것이다. 다시 말하면 네가 원하는 것은 모두 남들이 그것을 들어주어야 성취되는 것이다. 그런데 너는 그러한 이치와 도리를 모르고 남이 원하는 것은 하나도 들어주지 않으면서 네가 원하는 것은 남들이 모두 들어주길 바라고 있으니 얼마나 사리에 어긋나고 어리석은 마음가짐이냐 말이다."

"말씀을 듣고 보니 제가 아직 철이 없고 많이 부족한 것 같습니다."

"지금도 늦지 않았다. 이제부터라도 마음을 가다듬고 사리에 맞게 생각하고 언행을 해야 할 것이다. 지금은 집에서 부모님의 슬하에 있으니 설사 네가 잘못하더라도 용서를 하고 너를 따뜻하게 대하지만 일단 사회에 나가면 누가 네 부모처럼 너를 잘 대해 주겠느냐. 네가 남들에게 잘해 주고 그들이 원하는 것을 잘 들어줄 때 그들도 네가 원하는 것을 들어줄 것이다."

"그러면 제가 앞으로 어떻게 하면 좋겠습니까?"

"우선 이번의 실패를 큰 교훈으로 삼아야 하겠다. 그동안 해

왔던 공부하는 태도, 집에서나 밖에서 해 왔던 생각과 언행을 깊이 반성하고 참회해야 한다. 그리고 공부를 열심히 최선을 다해서 해야 하는 것은 말할 것도 없고 그동안 살면서 쌓아 온 죄업을 소멸시키는 노력을 해야 한다. 우선 집에서부터 부모와 다른 가족이 원하는 것을 잘 듣고 따라 주도록 해야 한다. 항상 선한 마음을 가지고 말과 행동으로 나쁜 업을 짓지 않도록 하는 것이 무엇보다 중요하다. 이렇게 할 때 자기가 노력한 만큼 좋은 결과를 얻을 수 있고 뜻밖의 불행한 일을 피할 수 있다."

"말씀을 듣고 보니 공부를 포함한 모든 것이 업의 과보라는 것을 어느 정도 알 것 같습니다. 그러나 아직 풀리지 않는 한 가지 의문이 남아 있습니다. 주위에서 보면 남에게 나쁜 짓을 서슴없이 하면서도 잘살고 성공하는 사람이 있는데, 그것은 도저히 이해하기 힘듭니다."

"그것은 그가 과거에 지은 선업의 결과인 것이다. 그 과보가 끝나면 그는 지금 짓고 있는 악업의 과보를 받게 될 것이다. 한 사람의 농부가 그동안 열심히 일하고 사람들에게 좋은 일을 많이 한 결과로 창고에 몇 년간 먹을 양식도 가득하고 또 은행에 상당한 액수의 돈을 저축하여 주위에서 그를 부자라고 불렀다. 그런데 그가 바람이 나서 술과 여자를 가까이하고 더 나아가서 도박이며 여러 가지 나쁜 짓을 하여 주위 사람들을 해치고 게을러서 농사일도 제대로 하지 않았다. 그래도 그는 과거에 열심히 일하여 저축한 돈과 창고의 양식 덕분에 그것이 다 없어질 때까지 몇 년간 잘 먹고 잘 지내지만 결국 그가 저축한 재산이 다 탕진되고 나면 그는 결국 가난하고 실패한 사람이 된다. 그리고 그전이라도 갑자기 병이 나서 죽든가 불의의 사고로 죽을 수도 있고 귀한 자식을 잃어버릴 수도 있다. 죗값은 언제 어떤 형식으로 올지 모르지만 반드시 받게 되는 것은 분명하다."

"이제 확실히 알겠습니다. 좋은 말씀 감사합니다."

"감사는 나보다는 이런 좋은 가르침을 주신 부처님께 해야 한다. 부처님께서는 '마음으로 어떤 생각을 할 때, 입으로 어떤 말을 할 때, 그리고 몸으로 어떤 행동을 할 때 항상 자비를 생각하되 거울에 얼굴을 비춰 보듯이 하라. 이것을 마음에 새겨 잊지 않도록 하라.'고 당부하셨다. 부처님의 가르침에 의하면 '큰 자비심을 가지고 자기보다 남을 이롭게 하고, 남을 항상 도와 그들의 소원을 들어주면 부처님과 모든 사람들이 다 기뻐하고 좋아하여 자기가 원하는 소원이 쉽게 이루어진다'고 한다."

"잘 알겠습니다. 부처님의 가르침에 따라 공부 열심히 하고 착한 마음과 언행으로 재수하여 내년에는 꼭 원하는 대학에 들어가겠습니다."

(2) 방편과 삼승(三乘)

방편품의 설법을 듣고 사리불은 너무나 큰 충격을 받았다.

그는 마왕이 부처님을 가장하여 자기들을 혼란에 빠뜨리는 게 아닌가 생각했다고 고백한다.

그도 그럴 것이 지난 40년간 부처님 설법을 듣고 공(空)과 무상(無相)을 통달하고 열반을 얻어 공부가 다 끝났다고 생각했으며, 더구나 자기들도 석가모니불과 똑같이 부처가 될 수 있다고는 전혀 생각하지 못했기 때문이다.

법화경에서 부처님은 여러 가지 비유를 들어 지난 40년간의 가르침이 궁극적인 가르침이 아니라 방편 설법이었음을 설명한다.

중생들의 사는 모습은 마치 불타고 있는 집에서 장난감에 정신이 팔려 곧 집이 불에 타 허물어지고 자기들도 죽게 됨을 모른 채

놀고 있는 아이들의 모습과 같다고 보고 있다.

　　그리하여 비유품에서,
　　"모든 중생을 보니 나고 늙으며,
　　병들고 죽으며,
　　근심하고 슬퍼하며,
　　괴로워하고 번민하는,
　　불에 타고 있으며,
　　또 오욕과 재물에 탐착하며 명리를 추구하여
　　현세에서 온갖 고통을 받으며,
　　후세에는 지옥 아귀 축생의 고통을 받나니,
　　혹 천상이나 인간에 나더라도
　　빈곤한 괴로움,
　　사랑하는 사람과 이별하는 괴로움,
　　원수를 만나는 괴로움 등
　　갖가지 괴로움을 받으며,
　　이러한 괴로움을 받으면서도
　　중생들은 그 가운데에 빠져 희희낙락하여
　　깨닫지도 못하고 알지도 못하여
　　놀라지도 않고 두려워하지도 않으며,
　　또한 싫어할 줄도 모르고 해탈을 구하지도 않아

이 삼계 불타는 집에서 동서로 뛰어다니면서

이런 큰 고통을 만나고도 근심하지 않느니라."고 하여 그 참상을 묘사하고 있는 것이며 또한,

"사리불아, 여래는 또 이렇게 생각하였나니

내가 만약 신통의 힘과 지혜의 힘을 써

방편을 버리고 중생들에게

여래의 지견(如來知見)과 십력(十力),

사무 소외(四無所畏)를 찬탄한다면

중생들을 제도하기 어려우니라.

왜냐하면 중생들이 나고 늙으며 병들고 죽으며,

근심하고 슬퍼하는 괴로움을 면치 못하여

삼계화택(三界火宅)에서 불타고 있거늘

어떻게 부처님 지혜(佛智慧)를 깨칠 수 있겠는가."라고 하면서 곧바로 일불승의 진리를 설하기 어려운 점을 말씀하셨다.

그러므로 그동안 부처님이 설한 성문승, 연각승, 그리고 보살 승의 삼승(三乘)은 우선 아이들을 불타는 집에서 유인해 나오게 하기 위하여 가르친 방편 설법이라는 것이다.

그것은 머나먼 여행길에서 피곤한 몸을 잠깐 쉴 수 있게 만들어 놓은 중간 기착지에 불과한 것이다.

물에 빠져서 허우적대는 사람은 우선 물에서 건져 내야 하듯이

먹고 살기 힘들고 근심 걱정으로 괴로워하는 사람들은 우선 그 괴로움에서 벗어나게 해주는 것이 무엇보다 급하다.

그리하여 석존께서 처음에 괴로움과 괴로움의 원인, 그리고 괴로움의 소멸과 그 소멸에 이르는 여덟 가지 길인 사제(四諦)와 팔정도(八正道)를 가르쳤다.

그런 다음에 공(空)과 무상(無相)을 가르쳐 모든 것이 실재한다는 믿음과 집착심을 버리게 하였다.

그렇게 지난 40년간 중생들의 근기 따라 삼승을 설하여 궁극적 진리를 받아들일 수 있게끔 준비시킨 다음 법화경에 이르러 궁극적 진리를 설하게 되었다.

법화경 화성유품은
- 부처님이 열반에 들 때가 가까웠고
- 중생들의 신심이 굳고
- 공법을 통달하고
- 깊은 선정에 드는 능력을 갖추었을 때
비로소 법화경을 설한다고 한다.

불타는 집에서 중생들을 구하기 위해서 그동안 설한 것이 세 가지 수레, 즉 성문승, 연각승, 그리고 보살승의 삼승(三乘)이다.

첫째는 양이 끄는 작고 느린 수레, 즉 고집멸도(苦集滅道)의 사성제(四聖諦) 등의 가르침으로 이것을 타게 되면 아라한이 된다 하여 성문승(聲聞乘)이라 하고,

두 번째는 사슴이 끄는 수레, 즉 연기법의 가르침으로 그것을 타면 벽지불이 된다 하여 벽지불승이라고 부르고,

세 번째 소가 끄는 수레, 즉 앞의 두 수레보다는 크고 비교적 빠른 수레로 보시, 지계, 인욕, 정진, 선정, 지혜의 여섯 가지 바라밀이라는 대승의 가르침을 말하며 이것을 타면 보살이 된다고 하여 보살승(菩薩乘)이라 부른다.

이러한 세 가지 수레는 모두 성불이라는 최종 목적지가 아닌 중간 지점밖에 갈 수 없는 것이다.
성불이란 최종 목적지에 갈 수 있는 유일한 수레가 바로 빠르고 힘센 큰 흰 소가 끄는 큰 수레인 일불승(一佛乘)인 것이다.

그리하여 부처님은 비유품에서,
"사리불아, 여래는 중생들을 위해
많은 비유를 들어 일불승(一佛乘)을 설하느니라.
너희들이 능히 여래의 말을 믿어 받으면

일체중생 누구나 성불할 수 있느니라.

일불승은 미묘 청정하여 최상 제일 되나니

모든 세계에서 위가 없느니라.

이제 너희들이 할 일은 부처님 지혜 얻는 것이니

보살들은 마땅히 대중 가운데서

오로지 일심으로 부처님 진실법을 들으라." 하고 일불승을 설하게 된 연유를 말씀한 것이다.

(3) '있는 그대로'가 중도실상(中道實相)

중생들은 현상과 사물이 실재한다고 보고 그에 집착한다. 그들은 모든 사물을 그들 마음대로 분별하고 그 분별로 만든 상(相)에 집착한다.

저 꽃은 아름답다고 분별하고, 그 꽃을 갖고 싶은 욕망을 내고, 저 여인은 참으로 예쁘다고 판단하고, 그 여인을 취하려고 집착하는 것이다.

그렇게 자기가 분별하여 만든 상(相)에 집착하여 좋은 것은 가지려고 애쓰고 싫은 것은 배척하고 버리려고 애쓴다.

그리하여 좋은 것을 보면 즐거워하고, 싫은 것을 보면 미워하고 화를 낸다.

만일 원하는 것을 얻으면 기뻐하고, 원하는 것을 얻지 못하거나 잃어버리면 몹시 괴로워한다.

그러므로 부처님은 저 실제로 있어 보이는 '나'와 나의 상대가 되는 모든 현상과 사물은 우리 눈에 보이는 것처럼 실체적 존재가 아닌 허상이요, 비실(非實)이라고 가르쳐 중생들의 집착을 버리게 한다.

그리하여 '나'라는 집착에 대하여 무아(無我)를 가르치고 대상 세계가 모두 허상(虛相)이요, 공(空)이라고 가르쳐 고열(高熱)의 환자에게 해열제를 주어 열을 없애듯이 상에 대한 집착심을 버리게 한다.

무시(無始) 이래로 모든 것을 두 가지로 나누어 분별하는 오랜 습성에 젖어 있는 사람들이 모든 현상과 사물의 본성이 무아(無我)요, 공(空)이라는 가르침을 받고 그것을 곧 절대적인 진리로 받아들이는 잘못을 저지르게 되었다.

모든 것이 공이요, 무상(無相)이라 믿고 그것에 안주한 수행자들이 바로 중간의 기착지를 최종 목적지로 알고 있는 성문과 벽지불승이란 소승의 수행자들이다.

상(相)에 집착한 중생들이 상병(相病)에 걸려 있듯이 소승 수행자들은 공병(空病)에 걸린 셈이다.

열이 있을 때는 해열제를 복용해야 하지만 열이 없는데도 계속 해열제를 먹는다면 그것 또한 큰 병이 아닐 수 없듯이 모든 것을 공이라고 생각하고 세상일에 초연하여 니르바나에 머물러 있으면 그것 또한 고쳐야 할 큰 병이다.

세상사에 집착하여 갖가지 고통을 받는 것이 고쳐야 할 병이라면 세상사를 외면한 채 오로지 선정 삼매의 편안함에 안주(安住)하는 것도 마찬가지로 고쳐야 할 병인 것이다.

부처님 세존은 능가경에서,
"비록 번뇌의 일어남을 멸했으나
아직 습기에 묶여 있고,
삼매의 술에 취하여(三昧酒所醉)
무루계(無漏界)에 머문다네.
비유하면 몹시 취한 사람이
술기운이 없어진 후에 깨어나듯이,
성문도 역시 그러하여
삼매의 술 깬 후에 성불한다네." 하고 삼매의 즐거움에 취해 있는 것을 경책하고 있다.

그러므로 반야심경은 중생의 상병(相病)을 치료하기 위하여 모든 현상은 실체가 없는 것이라고 색즉시공(色卽是空)을 가르치고 수행자의 공병(空病)을 치료하려고 텅 빈 공(空)이 바로 모든 현상이라고 공즉시색(空即是色)을 설한 것이다.

그리하여 부처님은 수행자들로 하여금 대승의 마음을 내게 하여 다시 현실 세계로 눈을 돌리게 한 것이다.

비록 현실 세계가 실체성이 없어도 그곳이 바로 우리가 두 발을 딛고 살아가는 곳이니 그 생활 세계를 가(假)의 세계로 인정하고 받아들여 그 속에서 고통 받는 중생들을 제도해 나가는 수행자들이 보시, 지계, 인욕, 정진, 선정과 지혜의 여섯 가지 바라밀을 수행하는 보살이다.

상을 진실이라 집착하는 중생들의 세계를 비실(非實)이라고 부정하는 성문승의 단계를 지나 다시 현실 세계인 가(假)의 세계로 돌아오게 한 것이 법화경의 가르침이다.

그리하여 모든 현상과 사물은 있는 그대로 진실상이라고 방편품에서 설한 것이다.

법화경 안락행품과 여래수량품은,
'남자다 여자다, 허(虛)다 실(實)이다,
이다(是) 아니다(非), 생(生)이다 사(死)다 하고
분별하지 말고
허도 아니고 실도 아니며,
생(生)도 아니고 사(死)도 아니니,
부처님이 세상을 보듯이 보라'고 설한다.

그리고 이렇게 분별없이 보는 것을 여래의 지혜(如來智慧)요, 부처의 지혜(佛智慧)라고 한다.

까마귀가 '흉하다'고 보는 것이 분별의 상(相)이라면 그것을 부정하여 반대로 까마귀는 '길하다'고 보는 것도 분별의 상(相)인 것은 마찬가지이다.

그리하여 무량의경은,
'상이고 상 아니고가 없는 것(無相不相),
상이 있고 상이 없고가 아닌 것(不相無相)을
실상(實相)이라고 부른다'고 설하고 있다.

다시 말하면 상(相)이니 상이 아니니(不相), 상이 있느니 상이 없느니(無相) 분별하지 않는 것이 중도실상이란 것이다.

까마귀는 '흉하다', 까마귀는 '길하다' 하고 분별하지 않을 때 까마귀를 있는 그대로 까마귀로 볼 수 있게 된다.

그렇게 보아야 까마귀는 그 모양 그대로 그 성질 그대로 진실상이 된다.

이것이 방편품의 제법 실상(諸法實相)의 가르침이요, 중도실상(中道實相)의 가르침이다. 그리고 이 제법 실상의 가르침은 상병(相病)과 공병(空病)을 다 함께 치료하는 약이라 할 수 있다.

이미 상(相)에 대한 집착도 공(空)에 대한 집착도 다 버려서 병이다 나았다면 더 이상 약이 필요치 않다. 그러함에도 불구하고 '중도실상'이란 것을 또 다른 상(相)으로 계속 붙들고 있다면 그것 또한 병이 아닐 수 없다.

중도병(中道病)에 걸리면 약도 없다.

그러므로 석가세존께서,

"고해(苦海)를 다 건넜으면

타고 온 뗏목을 버리고 가야지,

그것을 계속 지고 갈 필요는 없다."고 설하신 것이다.

승찬 대사가 그의 신심명에서,

"잠깐이라도 시비를 일으키면

어지럽게 본마음을 잃게 된다.

둘은 하나로 말미암아 있게 되니(二由一有)

그 하나마저 지키지 말라(一亦莫守)."고 경계한 것도 이것을 염두에 두고 한 말일 것이다.

이처럼 불지혜를 깨쳐 우리가 경험하는 모든 현상과 사물은 있는 그대로 진실상이라고 알 때 비로소 이 고해(苦海)가 곧 극락정토가 되고, 생사가 곧 열반이 된다.

이것이 수행자가 궁극적으로 도달해야 할 곳이다.

(4) 믿음과 수행

좋은 의사가 있고 좋은 약이 있는 것을 모르고 병을 못 고친다면 실로 안타깝고 불행인 일이다.

그런데 좋은 의사와 약이 있다는 것을 알지만 믿지를 못하여 그 의사를 찾지 않고 그 약을 먹지 못하는 것은 더욱 안타깝고 불행한 일이 아닐 수 없다.

법화경은 처음부터 제일 믿기 어렵고 제일 이해하기 힘든 법(最爲難信難解之法)이라고 설하면서 오직 믿음으로 들어오라고 한다.

노둔하고 근기와 지혜가 적은 사람과 상(相)에 집착한 교만한 사람들은 일승법을 믿지 못한다.

지혜 제일인 사리불도 묘법연화경은 믿음으로 들어오거늘 나머지 성문들은 더 말할 필요가 없다고 한다.

그러므로 첫째, 교만한 사람, 둘째, 게으른 사람, 셋째, 아견에 집착하는 사람, 넷째, 깊이 오욕(五慾)에 탐착한 사람, 다섯째, 식견 얕은 범부, 여섯째, 지혜 없는 사람에게는 묘법연화경을 설하지 말라고 한다.

그 이유는 첫째, 믿지 못하기 때문이요, 둘째, 들어도 그 진리를 깨치지 못하기 때문이요, 셋째, 믿지 못하여 모르고 경을 비방하면 죄보가 크기 때문이다.

의사를 믿고 약을 먹어야 병이 낫듯이 부처가 되는 길인 묘법연화경을 믿고 들어와야 법화 수행 길이 열리고 궁극적으로 성불하게 된다.

아무리 믿으라고 해도 잘 믿지 않으니까 부처님은 수기품, 오백제자수기품, 학·무학인기품, 그리고 권지품 등에서 성문의 비구와 비구니들을 일일이 거명하면서 장차 보살도를 구족하고 부처가 되리라는 수기를 준다.

사리불, 마하가섭, 아난다, 나후라 등 성문 제자들과 마하파사파제 비구니와 야수다라 비구니 등 비구니들에게 수기를 주어 그들의 믿음을 더욱 확고하게 해준다.

그리하여 그들은 모두 누구나 다 불지혜를 가지고 있으며, 언젠가 인연이 되면 성불한다는 것을 굳게 믿게 되었다.

마하가섭 등 4대 제자들은 자기들에게도 '여래의 지혜(如來智慧)

라는 보물'이 있다는 것을 깨닫게 되었다고 신해품에서 고백한다.

그리고 법사품에서 부처님이 열반하신 후 묘법연화경의 겨우 한 구절만이라도 받아 지니는 사람들에게 모두 성불할 것이라는 수기를 준다.

신해품에 의하면, '수행자가 부처님 법문을 듣고 항상 사유하여 이해하고 부지런히 정진하여 수행하면 그때 부처님께서 장차 오는 세상에 성불할 것'이라고 수기를 주신다고 한다.

실제로 사리불은 방편품의 제법 실상에 관한 법문을 듣고 믿고 이해하며 깨치게 되었고, 그것을 계기로 부처님으로부터 오는 세상에 성불하리라는 수기를 받았다.

그것은 법화경의 설법을 듣는 그때부터 바로 수행이 시작된 것이며, 굳은 믿음이 있고 수행의 목표에 대한 이해가 확실하면 언젠가 성불할 것이 결정된 것이라고 보기 때문이다.

그리고 수행자들로 하여금 법화 수행이 올바른 수행이란 것을 확신시켜 주기 위하여 견보탑품에서는 오래전에 열반하신 다보불이 다보탑을 타고 땅속에서 솟아 나와,

"석가모니불이 설하시는 묘법연화경은 진실하나이다." 하고 증명하여 그들로 하여금 더욱 확신을 갖게 한다.

법화경은 믿음으로 들어오라는데 무엇을 믿는가?

첫째, 무상정등각(無上正等覺)한 부처님과 그의 능력을 믿고,

둘째, 부처님이 설한 법화경의 진리와 그 진리의 힘을 믿고,

셋째, 경에 등장하는 부처님들과 보살들을 믿고,

넷째, 법화경을 수지 독송하다가 설한 대로 수행하면 성불한다는 것을 믿는 것이다.

4. 수도(修道) : 안락행(安樂行)

(1) 안락행의 개요

　발원으로 시작된 법화 수행 여정은 제법 실상을 알고 깨치는 견도의 단계를 지나 그것을 지관의 명상 수행과 기타 바라밀 수행을 통하여 더욱 철저히 깨치고 깨친 바를 확실하게 자리 잡게 하는 수도의 단계에 도달하였다.

　이 단계는 모든 현상이 공하여 있는 그대로 실상이라는 방편품의 가르침을 수행을 통하여 철저히 깨치는 단계이다.

　법화경 안락행품에서 설한 네 가지 안락행은 선정과 지혜를 닦는 지관의 수행법(止觀法)을 중심으로 보시, 지계, 인욕, 정진, 선정, 지혜의 여섯 바라밀을 네 가지 안락행으로 묶은 것이다.

　안락행의 중심이 되는 지관법을 잘 이해하기 위하여 부처님께서 무상의 깨달음을 얻기까지 실제로 어떤 수행을 하였는지 잠시 돌아볼 필요가 있다.

붓다께서는 젊은 시절 출가한 후 두 사람의 스승 밑에서 선정에 드는 지의 수행(修止法)을 하였다.

그때 색계(色界)의 네 가지 선정(四禪定)과 무색계(無色界)의 네 가지 선정을 익혀 다 마스터 하였다.

그러한 높은 단계의 선정을 다 익혔지만 그것으로 깨달음을 얻을 수 없음을 알고 그 스승을 떠나 다섯 수행자들과 함께 6년간 고행을 하였다. 극심한 고행으로도 깨달음을 이룰 수 없음을 알고 고행을 포기하고 네란자나 강가에서 실로 오랜만에 목욕을 한 후 마을 소녀가 올린 우유죽을 드시고 기력을 회복하였다.

그리고 그는 부다가야의 보리수 밑에 앉아 불지혜(佛智慧)를 깨치는 관법(觀法)으로 제법의 실상을 깨치고 성불하게 되었다. 그때 깨치신 것이 인과응보와 연기법, 그리고 중도실상이었다.

이러한 부처님의 수행을 통하여 알 수 있는 것은 '깨달음을 얻으려면 선정만으로는 되지 않고 반드시 관 수행을 통하여 불지혜를 깨쳐야 한다'는 사실이다.

"석가세존은 계(戒)를 아무리 오래 지키고
지(止)의 수행(samatha)을 무수겁을 해도
관(觀)의 수행(vipassana)을 통한 공(空)을 모르면

해탈은 불가능하다."고 말씀하였다.

그리고 '우드락(Udrak)'이라는 수행자를 예로 들어 아무리 집중된 마음으로 지의 수행을 하여 깊은 정에 들더라도 결코 아상(我相)을 타파하지 못하고 다시 마음을 산란하게 하는 번뇌가 몰려와 괴롭힐 것이라고 경고하였다.

아무리 깊은 선정을 닦아도 깨달음은 고사하고 번뇌마저 소멸시킬 수 없다는 것이다.

우드락이란 수행자는 깊은 선정에 들어 있는 동안 쥐가 그의 머리카락을 갉아 먹어도 모르고 있다가 선정에서 나오는 순간 그러한 사실을 알고 불같이 화를 냈다고 한다.

관의 수행을 중요시하는 것은 선불교의 역사에서도 찾아볼 수 있다.

중국 선불교의 5조 홍인 대사는 제자들에게,

"견성(見性)은 무사가 싸움터에서 칼을 휘두르는 한 순간에도 할 수 있다."고 말했다.

그리고 그는 오랫동안 수행을 한 신수를 비롯한 고참 제자들을 제쳐 두고 입문한 지 얼마 되지 않고 부엌에서 쌀 찧는 일만 하며 수행도 별로 하지 않은 신참 혜능에게 6조의 자리를 인가함으로써 한 번의 직관(直觀)으로 견성하는 것이 가능하다는 것을 보여 주었다.

그리고 항상 선정만 닦고 있는 마조(馬祖)에게 그의 스승이 기왓장을 아무리 갈아 보았자 거울이 될 수 없듯이 선정만으로는 깨칠 수 없음을 넌지시 암시하여 마조로 하여금 견성하게 한 사실도 관법 수행의 중요성을 보여 주고 있다.

선불교의 주요 텍스트라 할 수 있는 능엄경도 사마타와 삼매에 드는 법을 설하면서도 그 내용의 대부분은 관법에 관한 것이고, 금강경은 이름 자체가 '반야바라밀다경'으로 반야 지혜를 닦는 관법을 설하고 있는 경임을 나타내고 있다.

묘법연화경도 방편품에서부터 부처의 지혜(佛智慧)를 열어서 보여 주고 깨닫게 하고 들어가게 하는 것이 경을 설하신 목적이라고 밝히고 있으며, 안락행품에서도 관의 수행에 관한 설법이 큰 비중을 차지하고 있다.

이와 같이 수행에 있어서 관 수행을 강조한 것은 깊은 선정만 닦는 것으로 모든 것을 이룰 수 있다고 믿는 수행자들을 경계하기 위한 것이다.

비록 관 수행(觀修行)이 불지혜를 깨치고 성불하는 데 있어서 절대적이고 중요하다고 하더라도 지수행(止修行)이 필요치 않다는 것은 아니다. 지의 수행은 마음을 고요하고 적정하게 하여 관 수행이 잘되게 하기 때문에 필요한 것이며, 또한 관 수행이 잘되면 따라서 지의 수행이 잘되는 서로 도움의 관계를 갖는다.

그러므로 소승의 가르침인 계정혜(戒定慧)의 삼학(三學)에도 선정과 지혜를 닦는 지관법(止觀法)이 들어 있고, 대승의 가르침인 여섯 바라밀에도 선정과 지혜가 중심이 되고 있다.

앞에 예로든 혜능 대사의 경우는 특별히 지의 수행을 하지 않아도 항상 마음이 고요하고 적정한 상태에 있는 경우라고 할 수 있다.

부처님의 수행은 전생과 금생에 다 걸쳐 있는데, 전생에는 이미 많은 부처님 밑에서 법화경을 듣고 법화 수행을 하여 성불하였다.

그리고 금생에 부처님은 여래수량품에서 설한 바와 같이 중생제도를 위하여 방편으로 우리와 같은 모습으로 화생(化生)하여 안락행품에서 설한 바와 같이 선정과 지혜의 힘으로 삼계(三界)의 법왕이 되었다.

이러한 수행법을 배경으로 안락행품에서 설한 네 가지 안락행을 차례로 보기로 한다.

보살을 가르치는 법인 법화경은 보시, 지계, 인욕, 정진, 선정, 지혜의 여섯 바라밀을 지관법을 중심으로 네 가지 안락행으로 나누어 설하고 있는데, 제일 안락행은 주로 선정과 지혜를 닦는 지관법을 가르치는 것이고, 나머지 세 가지 안락행은 나머지 바라밀을 각각 가르치고 있다.

이 네 가지 안락행은 수행자로 하여금 수행 시는 물론 수행 이외의 생활에서 항상 편안하고 즐거운 마음이 되게 한다.

네 가지 안락행과 여섯 바라밀의 관계를 간략히 보면 다음과 같다.

제1 안락행

수행자가 꼭 행해야 할 것(行處)

• 인욕하고 유화 선순하고 포악하지 않아야 하고(인욕 바라밀)

• 법에 대하여 분별하고 집착하지 않아야 한다.

수행자가 가까이 하지 말아야 할 것(지계 바라밀)

• 흉포한 놀이를 하는 사람들

• 몸 파는 여자들

• 권력자들

• 기타 수행에 방해되는 사람들

수행자가 가까이 해야 할 것(선정과 지혜 바라밀)

• 한가한 곳에서 항상 좌선을 하여(常好坐禪 在於閑處) 그 마음을 거두어 닦는 것(修攝其心). 이것이 선정 바라밀을 닦는 지의 수행(修止法)이다.

• 일체 현상이 공(空)하여 있는 그대로 실상이라고 본다. 이것은 지혜를 닦는 관의 수행(修觀法)이다.

제2 안락행

• 타인이나 경전의 허물을 말하지 말고

• 법사를 경만히 여기지 말고

• 타인의 장단점과 좋은 일 나쁜 일을 말하지 말고

• 성문에 대하여 허물도 말하지 말고 칭찬도 하지 말아야 한다. 이것은 지계(持戒) 바라밀을 닦는 것이다. 주로 구업(口業)을 짓지 말라는 것이지만 살생, 도둑질, 사음 등을 금하는 것은 더 말할 필요 없이 당연한 것이다.

제 3 안락행

• 질투하고 아첨하거나 속이려는 마음을 내지 말고

• 불자를 업신여기고 매도하지 말고

• 수행자의 의욕을 꺾지 말고

• 일체중생에게 대비심을 내고

• 여래에게는 자부란 생각을 하고

• 보살에게는 큰 스승이라 생각하고

• 일체중생을 평등하게 대하고 설하되 많게도 적게도 하지 말고

• 불법을 좋아하는 사람에게라도 많이 설하지 말아야 한다.

제 3 안락행은 주로 나쁜 마음을 갖지 말고 선한 마음을 가지라는 것으로 그 내용의 대부분은 지계 바라밀의 수행에 해당한다.

제 4 안락행
• 출가인에게 대자심을 내고
• 보살 아닌 사람에게는 대비심을 내어 '이 사람들이 법화경을 묻지도 듣지도 못하여 큰 손실을 보고 있으니 내가 깨치고 나서 신통력과 지혜의 힘으로 인도하여 이 묘법연화경의 진리에 들고 머물게 하리라'고 생각해야 한다.

이 제 4안락행은 자비심과 보시 바라밀을 닦는 것이다. 보시에는 재물로 하는 보시도 있고 두려움을 없애 주는 무외시(無畏施)도 있지만 여기에서는 법을 전하여 깨치게 하는 법보시(法布施)를 주로 하라고 한다.

말법 시대에 법화 수행자가 이 네 가지 안락행을 성취하면,
• 마음이 편안하여 겁약하지 않고
• 언제나 근심 걱정 없고
• 질병 고통 없으며
• 빈궁하고 하천하게 태어나지 않고
• 중생들이 공경하고
• 질투하고 성내고 욕하는 사람과 가해하는 사람이 없고

• 두루 돌아다녀도 사자처럼 두려움이 없을 것이라고 한다.

법화경 분별공덕품은 법화경을 수지 독송하고 겸하여 보시, 지계, 인욕, 정진, 선정 및 지혜의 여섯 바라밀을 수행하면 그 공덕은 무한하고 세간과 출세간의 모든 것을 아는 지혜인 일체종지(一切種智)를 속히 성취하게 된다고 한다.

(2) 인욕 수행

안락행품에서 법화 수행 시 제일 처음으로 해야 할 것으로 인욕 수행을 들고 있다. 다른 것들의 앞에 둔 것은 그것이 모든 수행의 기초가 되기 때문이다.

법사품에서 법화 수행자는 여래의 방에 들어가서 여래의 옷을 입고 여래의 자리에 앉아서 법화 수행을 해야 한다고 설하고 있는데, 여래의 방이란 일체중생에 대한 대자비심이요, 여래의 옷이란 유화인욕심이요, 여래의 자리란 일체 법공(一切法空), 즉 모든 현상이 공하다고 아는 것을 말한다.

다시 말하면 인욕과 자비심과 지혜가 수행자가 꼭 닦아야 할 것이다.

안락행품에서 석가세존은, "선정과 지혜의 힘으로 삼계의 법왕이 되었고 큰 인욕의 힘과 자비와 지혜로 세상을 교화 한다."고 설하고 있는데, 그것은 인욕이 자비와 지혜 못지않게 중요하기 때문이다.

인욕에는 세 가지가 있는데, 하나는 누가 나에게 어떤 해(害)를 가하여도 원한과 노여움 없이 참는 것이요, 다른 하나는 불법 수행을 위하여 어떤 고난도 참는 것이고, 마지막은 불법의 깊은 진리를 두려움 없이 대하고 받아들이는 것이다.

부처님이 제자들에게 공(空)을 처음으로 설하셨을 때 너무 두렵고 놀란 나머지 피를 토한 사람이 몇 있었다고 한다.

무생법인(無生法忍)이란 말의 마지막 '인(忍)'자는 한문으로 '참을 인' 자이다.

불생불멸의 진리도 받아들이고 이해하는 데 참을성이 필요하기 때문에 붙인 것이라고 한다.

참고 인욕하려면,

• 우선 화가 나는 상황과 참아야 할 상황이 발생한 사실을 즉시 알아차려야 하고,

• 참고 인욕해야 하겠다는 마음을 내고,

• 호흡을 관하여 10~20번 정도 세면서 즉각적인 반응을 자제한다.

• 그것이 잘되지 않으면 우선 화나는 상황을 피하여 다른 곳으

로 가서 마음을 진정시키는 것이 좋다고 한다.

화를 참고 인욕하는 일이 얼마나 어려우면 화를 다스리는 법이 한 권의 책을 이루고도 남는다.

화를 다스리는 법에 관한 책을 쓴 틱낫한 스님도 어떤 강연장에서 한 청중으로부터 모욕적인 질문을 받고 너무 화가 난 나머지 강연장 밖으로 나간 적이 있다고 한다.

한 번 화가 나면 쉽게 진정되지 않고 오래 지속되는 경향이 있다.

그럴 때는 이렇게 생각하라고 부처님께서 말씀하셨다.

• 나에게 해를 가한 사람이 스스로 자기를 통제할 수 없어서 그도 어찌할 수 없이 저지른 것이다.

• 그것은 내가 과거에 행한 업보로 나에게 닥친 것이다.

• 그러한 상황은 사실은 내가 저지른 실수 때문에 일어난 것이다.

• 이 세상에 실수 하지 않는 사람은 아무도 없다. 그 사람도 실수로 그렇게 했을 것이다.

• 지금 내가 맞고 있는 역경은 사실은 나의 수행에 큰 도움을 주는 스승이므로 오히려 고맙게 생각할 일이다.

• 참는 것이 나의 덕행과 공덕 쌓는 데 큰 기여를 하고

• 내가 참아 내면 나의 수행에 큰 진전이 있을 것이며, 부처님들이 크게 기뻐하실 것이다.

성철 스님도 나를 해치고 깎아내리는 사람이 진정한 나의 스승이고 나를 칭찬하고 나를 떠받드는 것은 수행자에게 독(毒)이요, 무덤이라고 경계하였다.

인욕 수행이 완성되려면 '나'라는 생각과 '남'이라는 생각, 그리고 '화나는 일을 당했다'는 생각과 의식이 모두 다 소멸하여야 한다. 그러나 이렇게 참는 일이 어렵고 괴로운 것이긴 해도 그러한 마음을 극복하는 수행을 해야 한다.

화내고 남을 미워하는 마음을 탐심, 치심과 함께 '세 가지 독의 마음(三毒心)'이라고 부른다.

독의 마음이라 부르는 것은 그러한 마음을 오래 품고 있으면 그 사람의 몸과 마음을 크게 해치기 때문이다.

그러한 독한 마음은 자신의 몸에 병을 일으키고 자신의 마음에서 자비심을 말살하기 때문이다.

(3) 지혜를 닦는 수행

① 지를 닦는 법(修止法)

법화경 안락행품은 '항상 조용한 곳에서 좌선하여 그 마음을 거두어 닦아야 한다'고 설한다.

이것이 이른바 지(samatha)의 수행법(修行法)이다.

지의 명상법으로는 여러 가지가 있지만,

● 흔히 가부좌를 한 자세로 들숨 날숨을 하나에서 열까지 반복하여 세는 수식법(數息法)

● 그것으로 어느 정도 마음이 고요히 안정되면 마음으로 들숨과 날숨을 관하는 수식법(隨息法)

● 또는 숨을 들이마시며 마음속으로 '나무묘법연화경' 하고,

내쉬면서 '나무묘법연화경' 하는 방법

• 또는 앉아 있는 앞의 공간에 부처님의 상을 상상으로 그려 그
것을 관하는 관불법(觀佛法) 등이 있다.

이렇게 하여 밖으로 대상을 쫓아 분주하게 움직이던 마음과 안
으로는 생각과 근심 걱정으로 분주한 마음을 멈춘다.

그리하여 마음을 고요하고 편안한 적정(寂靜)의 상태에 들게
한다.

수행 중에 생각이 일어나면 그 생각을 쫓아가지 말고 마치 강
가에 한가롭게 앉아 흐르는 강물을 물끄러미 바라보듯이 지켜보
기만 한다.

② 관을 닦는 법(修觀法)

이렇게 하여 마음이 안정되면 그때 관법(觀法)을 시작하는데 법
화경 안락행품에서는,

• 일체의 현상이 공(空)하여 있는 그대로 실상이라 관하라(觀一
切法空如實相).

• 그리고 모든 것은 허공같이 있다 할 그 무엇이 없고(如虛空無所
有性) 말로 표현할 수 없으며, 이름도 모양도 없어 실로 있다

104

할 것이 없다(實無所有).

- 모든 것은 다만 인연 따라 있게 되고 전도되어 있다 없다, 실이다 실이 아니다, 생이다 생이 아니다 하고 분별한다.
- 이렇게 관하여 모든 분별을 여의고 중도실상을 증득하라고 설한다.

보통 사람들은 생활 세계에서 분별지(分別知)를 사용하여 사물과 현상을 인식한다.

분별은 우리의 여덟 가지 식(識)의 작용으로 모든 것을 '이다 아니다', '있다 없다' 등 두 가지로 나누어 인식한다.

저 꽃은 '아름답다, 아름답지 않다' 하고 인식하고 '까마귀는 불길한 새다, 아니다' 하고 인식한다.

인연 따라 생긴 모든 존재는 그 본성이 공(空)하여 분별할 것이 없고 평등하다. 겉모습만 보고 '있다, 없다' 하고 분별하는 것은 모두 잘못 알고 하는 것이다.

까마귀의 본질에 불길(不吉)함도 길(吉)함도 없다.

길하다고 보는 것은 우리가 그렇다고 인식하는 것일 뿐이다.

본질적으로 불길하다면 세계 모든 사람들이 그렇다고 보아야 하지만 사실은 그렇지 않다. 우리나라 사람들로부터 '불길한' 새로 낙인 찍힌 까마귀나 동료들로부터 '왕따'라는 딱지가 붙여진 죄 없는 학생은 참으로 억울하기 짝이 없다.

그러므로 시비 분별하는 것이 상대 세계에서 편의상 필요한 것이긴 하지만 절대적인 진실이 아님을 관법 수행을 통해서 깨쳐야 한다. 그렇게 되면 우리의 식(識)이 전환하여 지혜가 된다.

그 지혜를 분별이 없는 지혜, 즉 무분별지(無分別智)라 부른다.

반야지와 불지혜가 바로 무분별지이다.

그러나 주의할 것은 '좋다, 나쁘다' 분별하지 말라고 하여 함부로 행동해도 된다는 것은 결코 아니다.

우리가 상대 세계에서 살고 있는 한 예절을 지키고 계율을 지키며 도덕적인 언행을 하고 남을 해치지 않고 부모에게 효도하는 일들은 좋은 것으로 당연히 해야 한다.

특히 내가 행위의 주체일 때는 자비와 지혜의 토대 위에서 엄격히 사리 분별을 하여 행하여야 하고 나와 상대되는 사물과 사람에 대하여는 호불호(好不好)나 시비(是非)를 분별하여 사랑하는 마음을 내어 집착하지 말아야 하고 싫어하고 증오하여 배척하는 일은 하지 않아야 한다.

말하자면 분별하되 분별하지 말아야 하고 분별하지 않되 분별해야 한다.

일반적으로 지관법에서는 지의 수행으로 어느 정도 마음이 안정되면 그때 다음과 같이 관(vipassana) 수행을 한다.

• 마음속으로 호흡을 세는 자는 누구인가? 또는 관불하고 있는 자는 누구인가? 또는 숨을 들이마시며 마음속으로 '나무묘법연화경' 하고, 내쉬면서 '나무묘법연화경' 하는 자는 누구인가? 마음속에 일어나는 생각이나 감정을 지켜보는 자는 누구인가? 하고 생각한다.

• 호흡을 세는 자는 결국 자기 마음이고, 또 부처의 상을 상상으로 만들고 그것을 관하는 자도 마음이며, 또 '나무묘법연화경' 하고 소리 없이 염송하는 자도 마음이며, 마음속에 떠오르는 생각을 지켜보는 자도 마음임을 안다.

• 이렇게 마음이라고 알면서 마음 자체를 관한다.

마음을 관해 보면 그 마음이 셈도 하고
부처의 영상도 만들고
법화경 제목도 소리 없이 염송하지만
그 마음은 모양도 형체도 없고
찾아보려야 찾아볼 수 없다.
작용이 있으니 없다고 할 수도 없고
찾으려야 찾을 수 없으니 있다고 할 수도 없다.
결국 그 마음의 본성은 공적(空寂)하다.
마음이 눈앞에 만든 부처의 상도
실체가 없는 존재이고

또 명상한다고 앉아 있는
나의 몸도 그 본성은 실체가 없다.
지수화풍(地水火風)의 네 가지 요소가
임시로 모여 이루어진 이 몸에
변하지 않는 어떤 고정된 실체가 없다.

색, 수, 상, 행, 식(色受想行識)의 다섯 가지(五蘊) 요소가 임시로 모여 이루어진 사람도 마찬가지로 '나'라고 할 만한 고정불변의 실체가 없다.

몸인 색(色)은 이미 보았듯이 실체가 없고 느낌(受)이란 것도 수시로 생겼다 소멸하는데 무슨 실체가 있겠는가.

결국 오온도 실체가 없이 공적하다.

반야심경에서 오온이 모두 공하다고 비추어 관하라는 것이 이것을 말하는 것이다.

이러한 공적한 사람들이 모인 것을 '군중(群衆)'이라고 부르지만 그것 역시 공적하여 실체가 없다.

시청 앞 광장에 모인 5만 군중이 잠시 후에 뿔뿔이 흩어지면 그 군중은 즉시 존재하지 않는다. 5만 중에 반은 남고 반은 집에 갔다면 집에 간 반은 좀 전에는 군중이었는데 지금은 개개인 사람이 된다.

군중 전체로 보아도 그렇고 군중을 구성하고 있는 한 사람 한 사람을 보아도 고정불변의 실체가 없다.

그러니 수시로 이합집산을 거듭하는 군중이란 것도 이름일 뿐이고 고정된 실체가 없으니 공(空)이다.

진명고등학교도 마찬가지다.

학교 건물이 진명학교인가? 학교 부지가 진명학교인가? 학생들이 진명학교인가? 학교 선생님들이 진명학교인가?

학교 이사장이 진명학교인가? 아니면 교장 선생님이 진명학교인가? 아니면 이 모든 것이 임시로 모인 것을 진명학교라 부르는가?

이 전부가 진명학교라고 한다면 학생들도 매년 새로 입학해 들어오고 또 졸업한다. 선생님들도 오고 가고 바뀐다.

결국 진명학교란 것도 고정불변하는 실체가 없다.

밤이 되면 학생들도, 선생님들도, 교장도, 이사장도 모두 집에 가고 없고 오직 텅 빈 학교 건물과 학교 부지만 남는데 그때 진명학교는 어디에 있는가? 그러므로 진명학교란 것도 이름일 뿐 실체가 없고 궁극적으로 보면 공적한 것이다.

그러나 주의할 점은 학교가 본성이 공하여 실체가 없는 존재라고 하더라도 무(無)의 존재는 아니라는 것이다. 그것은 현상적으로 보면 분명히 학생들을 교육하는 중요한 사회적 기능을 수행하고 있는 존재이기 때문이다.

이와 같이 관하면, 우리 마음의 본성도 공(空)하고 '나'라는 것도 공하고 우리가 늘 경험하는 모든 현상과 사물의 본성도 모두 실체가 없이 공하다.

그렇게 실체가 없는 것들을 대하여 이러니저러니 분별하는 것은 전부 절대적 진실성이 없다.

그리하여 몸과 마음을 환(幻)이라고 바로 알아 허망한 생각을 멀리 떠나면 환이 아닌 불생불멸의 진여가 나타나고 우리 마음의 밝은 깨달음이 나타난다고 원각경은 설하고 있다.

그것은 마치 때를 씻어 내고 나면 맑고 밝은 거울이 드러나는 것과 같다.

그러므로 법화경에서, '일체 모든 현상이 모두 공하여 있는 그대로 실상이라고 관하라'고 하는 것이다.

그런데 이 안락행품에서 모든 것이 공하다는 것은 저 성문승들이 닦는 공과는 차원이 다른 것임을 주의해야 한다.

중생들이 모든 것은 실제로 존재한다고 집착하는 것에 대하여 성문승들은 모든 것은 비실(非實)의 존재로서 공하다는 새로운 상(相)에 머무는 한쪽으로 치우진 공인 것이다.

그러나 법화경 안락행품에서 설하는 공은 '있다 없다' 하는 모든 분별을 떠난 중도실상으로서의 절대적 공을 말한다.

우리 마음에서 모든 분별의 상을 다 비우는 것이 공이다.
열반경은 이것을 '모든 분별을 떠나고 모든 것을 포용하는 대
공(大空)'이라 부른다.

대공의 마음은 허공 같은 마음으로 좋은 것과 나쁜 것을 분별
하지 않고 아름답다고 탐하지도 않고 나쁘다고 증오하고 배척하
지도 않는다.

화엄경에서는, '절대적 진리를 깨달으면 성불하는데, 그것은
바로 마음을 비워 공(空)을 실현하는 것'이라고 말한다.

우리 마음의 본성이 공하다고 하여 완전히 아무것도 없는 것은
아니다. 없는 가운데 고요히 비추는 것이 있다.
공적하면서 항상 비추고 비추면서 항상 공적한 것이 우리 마음
의 본성이고 이것을 진공 묘유라 한다.
법화경은 이것을 '지혜의 빛(光明)'이라 부르고, 능엄경은 '묘한
깨달음의 빛(妙覺明体)'이라 부르고, 티베트 불교는 '마음의 빛'이
라고 부르기도 한다.
열반경에서 '불성(佛性)을 절대적 공(第一義空)'이라 부르고 절대

적 공을 지혜라 부른다'고 설한 것처럼 불성, 공, 지혜, 마음의 빛 등은 모두 마음의 본성을 나타내는 말이다. 우리 마음의 본성은 '공적한 성품'과 '밝게 아는 성품'의 두 가지 측면을 함께 갖고 있는 것이다.

중국 선불교의 6조 혜능이 5조 홍인으로부터 한밤중에 몰래 의발을 전해 받고 남쪽으로 피신할 때 그를 추적해 온 혜명에게,
"선(善)도 생각하지 말고 악(惡)도 생각하지 말라.
이때 그대의 진면목은 무엇인가?" 하고 물었다.

이것이 바로 모든 분별 망상을 비운 우리 마음의 본성을 가리키는 것이다.

③ 생활 속에서 하는 지관법

지관법은 좌선할 때 주로 하지만 실제 생활 속에서도 할 수 있다.

무엇을 볼 때 보이는 것을 물속의 달(水中月)처럼 실체가 없는 것이라 알고 들을 때 들리는 소리는 산골짜기의 메아리같이 실체가 없다고 알고 그것에 대하여 '싫다 좋다' 분별하지 않는 것이

지의 수행(修止法)이다.

말할 때는 꼭 필요하고 모두에게 이로울 때에 진실을 말하되 내가 한 말과 그 말로 인해 생기는 모든 것도 마찬가지로 실체가 없다고 생각하고 '좋다 나쁘다' 분별하지 말고 좋은 것에 대하여 애착심을 내지 말고 나쁜 것에 대하여 싫어하거나 화내지 말아야 한다.

보는 것, 듣는 것, 말하는 것은 모두 내 마음의 작용인데, 그 작용을 하는 내 마음을 내관(內觀)해 보면 형체도 없고 모양도 없는 비실(非實)이며 필경 공적한 것이다.

이렇게 관하는 것이 관 수행(修觀法)이다.

이와 같이 지관의 수행을 하여 모든 것이 공하다고 철저히 알 때 비로소 6조 혜능 대사가 말한 것처럼 밖의 경계를 대하여 망념이 일어나지 않고 안으로 분별을 일으키지 않아 마음이 고요하게 된다.

그는 이것이 바로 좌선이요 선정이라 하였다.

부설 거사의 다음 게송이 바로 그러한 경지를 노래한 것이다.

눈으로 보는 바가 없으니 분별할 것이 없고(目無所見 無分別)
귀로 소리 없는 소리 들으니 시비가 끊어지네(耳聽無聲 絶是非).
시비 분별 모두 놓아 버리고(分別是非 都放下)
다만 마음 부처를 보고 그에 귀의하네(但看心佛 自歸依).

일반적으로 지(止)를 바탕으로 관(觀) 수행을 하지만 혜사 대사는 근기가 낮은 수행자는 관법을 먼저하고 그것을 토대로 지를 닦으라고 권한다.

그는 그것을 관을 따라 지에 들어가는 종관 입지(從觀入止)라고 부른다.

지와 관법은 서로 의존 관계에 있어서 지가 제대로 되어야 관이 깊어지고, 관이 제대로 잘되면 그만큼 마음도 집중되고 고요한 적정의 상태에 들게 된다.

이렇게 지관의 수행이 완성되면 중생 제도를 위하여 청정한 분별 작용을 일으키면서도 마음 자체는 항상 고요하며(即觀之止), 비록 마음 자체는 고요하다고 할지라도 인연 따라 청정한 분별 작용을 일으킨다(即止之觀).

이렇게 자유자재로 하는 것을 생활 속에서 지와 관을 동시에 행한다(止觀雙行)고 하는 것이다.

이와 같이 지관의 수행을 통하여 모든 사물과 현상이 궁극적으로 공(空)하다는 것을 철저히 증득하게 되면 현상계의 모든 차별상은 겉으로 보기에 각각 다른 모습이지만 궁극적인 성품에서 보면 다 공하여 같다는 것을 알게 된다.

겉으로 볼 때 아름다운 꽃이 있고 아름답지 않은 꽃이 있지만 그 꽃들의 궁극적 본성에서 보면 모두 공하여 아름다움도 아름답지 않음도 없다.

마찬가지로 부처도 중생도 없고, 깨침도 미(迷)함도 없고, 성인도 범인도 없고, 생사도 열반도 없다.

겉모습(相)만 보면 차별이 있지만 본성이 공함을 보면 모든 차별이 없는 무상(無相)의 경지에 이르게 된다. 그것이 바로 무분별지(無分別智)의 경지이다.

그러나 우리는 생활 세계에서 여러 사람과 어울려 함께 살아야 한다.

이 상대 세계에서는 큰 것은 크고, 작은 것은 역시 작은 것이다. 예쁜 꽃은 역시 예쁘고, 예쁘지 않은 꽃은 예쁘지 않은 것이다. 다만 눈에 보이는 현상이 전부라고 알고 그것이 절대적인 진실이라고 집착하는 범부와는 달리 공을 깨달은 사람은 궁극적으로는 모두 공하기 때문에 그러한 분별은 편의상 하는 것에 불과하고 절대적 진실성은 없다고 보아서 집착하지 않는다.

그리하면 연꽃이 항상 더러운 물속에 있지만 더러움에 물들지 않는 것처럼 보살은 지혜와 방편으로 생사계에 남아서 활발히 살아가지만 마음은 항상 열반에 머문다고 하는 것이다.

이러한 지관법을 중심으로 한 안락행의 수행은 사람들이 자칫 '밖에서 부처를 구하는 것'을 막고 마음의 본성을 보고 불지혜를 깨치고 들어가게 하는 중요한 역할을 한다.

〈사물과 현상을 보는 세 가지 차원〉

사물과 현상을 보는 데 세 가지 차원이 있다.

첫 번째는 사물과 현상의 피상적 차원만을 보고 그 특징(相)을 분별하고 차이를 인식하는 것이다.

하늘에 떠 있는 구름, 높은 산 위에 쌓여 있는 눈, 얼어붙은 호수의 물을 보고 각각 다르게 인식하는 것이다. 그래서 그것들은 모양도 다르고 이름도 다르다.

일상생활 속에서 우리들은 현상을 이와같이 피상적인 차원에서 인식을 하며 살고 있다. 이때 사람들이 관심을 갖는 것은 이른바 상(相)의 세계이다. 이런 차원에서 보면 구름은 구름이고 얼음은 얼음일 뿐이다. 중생은 중생이고 보살은 보살이다. 그러므로 서로 다르다.

두 번째는 피상적 차원을 떠나 더 깊게 궁극적 본성의 차원에서 사물과 현상을 보는 것이다.

피상적 차원보다 한 차원 깊게 사물을 보게 되면 구름, 눈, 얼음, 호수의 물은 모두 물의 성질을 가진 같은 존재라는 것을 알게 된다. 구름, 눈, 얼음은 그 성질이 물이니 결국 호수의 물과 같은 물이다.

구름과 눈, 그리고 얼음은 피상적 차원에서 보면 각각 이름도 모양도 다른 존재이지만 분자의 수준에서 보면 모두 물의 성질을 가진 다 같은 존재이다.

그것들은 모양은 다르나 성질이 같은 물질인 것이다.

물의 분자는 두 개의 수소 원자와 한 개의 산소 원자가 인연 따라 결합한 것으로 물의 성질을 나타내지만 우리의 분석을 더 밑으로 내려가서 원자의 수준에서 보면 물은 없어지고 수소와 산소라는 전혀 다른 물질을 만나게 된다.

이와 같이 점점 밑으로 원자 이하의 미립자 수준으로 내려가서 그 미립자들을 또 쪼개면 아주 극미의 미립자들이 나타난다. 그렇게 내려가면 극미의 미립자들은 순간 생겨났다가 순간 소멸하여 물질이라고도 할 수 없고 물질이 아니라고도 할 수 없는 수준, 즉 공(空)에 도달하게 된다.

능엄경은 극미의 미립자인 인허진(隣虛塵)이란 미립자를 쪼개면 허공이 되고 이 허공에서 물질이 나온다고 한다.

각각 모양과 맛이 다른 사과와 복숭아도 궁극적 차원으로 내려가면 결국 그 다른 모양과 맛은 없어지고 공이 된다. 마찬가지로 장미꽃과 연꽃도 그러하고 모든 사물은 그 본성의 차원으로 내려가면 모든 표면적 특성이 사라진 공이 된다.

이 본성의 차원에서 보면 물은 물이 아니고 장미꽃은 장미꽃이 아니다. 금강경에서 말하듯이 보살은 보살이 아니고 이름일 뿐이다. 이 세계에서 주 관심사는 모양이 없는 무상(無相)이며 불생불멸의 본성이다.

사람도 겉모습과 모양은 다 다르고 체질도 각각이지만 궁극적 본성의 수준으로 내려가면 그러한 특성들은 모두 소멸하고 공이 된다.

궁극적으로 보면 우리의 몸도 공이요, 우리의 마음도 공이다. 그러므로 반야심경은 오온(五蘊), 즉 색, 수, 상, 행, 식(色受想行識)이 공이라 했다. 색은 우리의 육신을 말하고 수·상·행·식은 우리의 마음이니 우리의 몸과 마음도 궁극적으로 보면 공(空)이라는 것이다.

사람의 표면적 모습만 보면 사람들이 각각 다르듯이 사람들의 표층의 마음도 다르다. 표층의 마음만 보면 '인색한 마음', '난폭한 마음', '인자한 마음'으로 인식되고 구별되지만 점점 심층의 마음으로 내려가게 되면 우리 마음의 궁극적 본성인 공에 도달하게 되고 표면적인 성품들은 사라지게 된다. 그러한 마음의 본성을 불성, 여래장, 공, 심진여(心眞如), 또는 원성실성(圓成實性)이라고 부르기도 하지만 다 같은 뜻이다.

이러한 마음의 본성은 텅 빈 공이면서 밝게 비추어 아는 성품을 함께 갖추고 있다.

범부 중생들이 일상적 생활 속에서 사물을 실체라고 분별하여 인식하고 집착하는 것은 주로 피상적이며 현상적인 차원에서 하는 것이다. 그러한 분별은 사물의 본성이 빈 공(空)이라는 것을 모르기 때문에 잘못 인식하고 집착하는 것이다. 이것을 상병(相病)이라고 부른다. 반면에 모든 사물과 현상의 궁극적 본성이 공이라는 것을 알고 그것만이 진실이라 믿고 집착하는 것을 성문과 같은 소승의 수행자들이 갖는 공병(空病)이라 한다.

세 번째의 차원은 사물과 현상을 본성의 차원과 피상적 차원을 다 함께 보는 것으로 중도실상의 차원이다. 그리고 그것은 위의 두 가지 차원의 잘못된 집착을 버리고 사물과 현상을 있는 그대로 보는 것으로 방편품과 안락행품에서 가르치고 있는 제법 실상이다.

이러한 차원에서 보는 사물의 실상에 대하여 능엄경은 성품이 물질이면서 공(性色眞空)인 것이요, 성품이 공이면서 물질(性空眞色)인 것이라고 부르고 반야심경은 물질이 곧 공이요(色卽是空), 공이 곧 물질(空卽是色)이라 부른다. 그리고 무량의경은 상(相)이니 상이 아니니(不相) 상이 있느니(有相) 상이 없느니(無相)를 다 떠난 경지라고 한다. 이때 산은 다시 있는그대로 산이요, 물은 있는 그대로 물이다.

사물과 우리 마음의 표면적 특성은 물론이고 그 본성을 보아야

120

있는 그대로 사물의 참모습을 볼 수 있다. 그리고 그렇게 사물의 실상을 보는 것을 마음의 고향으로 돌아간다고 하는 것이며, 마음의 고향으로 돌아가는 수행이 바로 법화경의 독송과 함께하는 지관의 명상법이다.

사납게 치는 파도가 자면 바다의 표면과 바다의 밑이 훤하게 다 보이듯이 파도와 같은 우리의 생각과 감정들을 멈추어 우리의 마음을 적정하고 고요하게 하는 것이 지(止)의 명상이고, 우리 마음의 심연인 본성을 고요한 마음을 통하여 훤히 비추어 보는 것이 관(觀)의 수행이다.

(4) 나를 버리는 수행

앞에서는 '나'라는 것이 실체성이 없다는 것을 관의 수행을 통하여 깨닫도록 하였고 여기에서는 실제로 보시행을 통하여 '나'를 버리고 아상을 타파하는 보살행을 보여 준다.

상불경보살품과 약왕보살품은 법화 수행 시 법화경을 수지 독송하다가 철저한 보시행(布施行)을 하면서 '나'를 버리는 행을 하는 것을 보여 준다.

아상(我相)이 남아 있으면 남과 대상이 있게 되고, 그러한 분별이 남아 있는 한 분별을 떠난 지혜인 불지혜에 들어갈 수가 없다.
모든 분별의 상이 수행자의 깊은 마음속에서 모두 사라질 때, 중도실상(中道實相)을 얻어 대자비심을 발휘할 수 있게 된다.

석가모니 부처님은 전생에 상불경보살이었는데 그는 법화경을 듣고, 만나는 사람마다 경배하면서,

"나는 여러분을 경만히 보지 않습니다. 왜냐하면 여러분은 모두 보살도를 갖추고 성불할 수 있기 때문입니다." 하고 말했다.

말하자면 누구나 다 부처가 될 수 있는 성품(佛性)과 불지혜(佛智慧)를 가지고 있다는 것이다.

이 구절은 한문으로 24자가 되는데, 예부터 이것을 '24자 법화경'이라 불렀다. 그렇게 부른 것은 이 24자 가운데 법화경의 근본 가르침이 다 들어가 있다고 보았기 때문이다.

그는 사람들이 돌을 던지며 박해를 가하여도 굴하지 않고 계속 경배하는 말을 했다. 뿐만 아니라 그는 법을 얻기 위해 나라, 도성, 몸과 골수까지도 아낌없이 보시하여 목숨도 아끼지 않았고 묘법을 얻기 위하여 전생의 제바달다에게 평생토록 시봉하고 공양하였다.

나를 죽이고 아상을 버리지 않는 한 어떻게 그와 같은 철저한 보시행을 할 수 있으며, 온갖 박해를 가하는 사람들을 어떻게 경배할 수 있으며, 그들에게 모두 부처될 씨앗이 있다고 말할 수 있겠는가.

완전히 아상(我相)을 버려야 그것이 가능하다.

약왕보살은 과거 생에 일월정명덕 부처님 밑에서 법화경을 듣고, 법화 수행을 한 공덕으로 원하는 대로 몸을 나타낼 수 있는 현일체색신삼매(現一切色身三昧)를 얻었다.

그는 그것이 그 부처님과 법화경의 공덕이라고 생각하고 처음에는 깊은 삼매에 들어, 그 부처님과 법화경에 꽃과 향으로 공양드렸다.

그것으로 부족하다고 느낀 약왕보살은 모든 사람이 천금같이 생각하는 자기 몸을 불사르는 소신공양을 하여 몸을 버렸다.

그는 다시 일월정명덕 부처님 앞에 환생하고 그 부처님이 열반하시자 사리를 거두어 탑을 쌓고 탑 전에서 두 팔을 태우는 공양을 하였다. 그리고 그는, 내가 이렇게 공양을 하였으니, 다음에 반드시 성불할 것이다. "만약 이것이 사실이라면 내 팔이 전과 같이 될 것이다." 하고 다짐을 했는데, 그 다짐대로 두 팔이 전과 같이 회복되었다고 한다.

약왕보살이 몸을 버려 또 환생한 일은 우리는 죽어도 죽는 것이 아니고, 계속 몸을 바꾸어 윤회전생함을 보여 주고 몸을 불사르는 소신공양을 통하여 자기(我相)를 완전히 버림으로서 우리로 하여금 불생불멸의 본성, 즉 무생법인(無生法忍)을 깨닫게 해준다.

다시 말하면 수시로 생겼다 소멸하는 현상 속에서 영원히 변치 않는 불생불멸의 본성을 깨닫게 하는 것이다.

그러므로 약왕보살품의 설법을 들은 많은 사람들이 그 공덕으로 무생법인을 얻었다고 설한다.

아상(我相)과 아집(我執)은 우리가 살아가면서 겪는 고통의 근본 원인이기도 하지만 성불로 가는 길에 제일의 장애가 된다.

아상과 아집을 소멸시키지 않고는 고통으로부터의 해탈도 성불도 기대할 수 없다.

그러므로 법화경은 상불경보살과 약왕보살의 수행담을 통하여 법화경을 듣고 수행하여 나를 버리면 성불한다는 것을 우리에게 보여 주고 있다.

모든 삿된 집착(邪執)은 모두 고정불변의 내가 있다는 생각(我見)에 기인하므로 그 아견만 떠나면 모든 그릇된 집착은 없어진다.

이 아견에는 두 가지가 있는데, 하나는 사람에 고정불변의 내가 있다는 생각(人我見)이고, 다른 하나는 사물에 고정불변한 성품이 있다는 생각(法我見)이다.

그리하여 안락행품에서는 '모든 사물과 현상이 그 본성이 공하여 있는 그대로 실상이라고 관하게 하여 법아견으로 생기는 사물에 대한 집착(法執)을 떠나게 한 것이고, 상불경보살과 약왕보살의 수행담을 통하여 내가 있다는 생각(人我見)을 버리고 나에 대한 집착(我執)을 떠나게 하는 것이다.

원효 대사는 대승기신론소와 이장의(二障義)에서, "해탈하여 열반을 얻고 깨쳐 성불로 가는 수행 길에 네 가지 장애가 있다."고 말한다.

처음 두 가지 장애 중 하나는 나에 대한 집착인 아집(我執)으로 번뇌장(煩惱障)이라 하는 것이고, 다른 하나는 사물에 대한 집착인 법집(法執)으로 소지장(所知障)이라 하는 것이다.

이 두 가지는 누구에게나 보이는 분명한 장애이다. 번뇌장은 탐·진·치와 같은 번뇌로서 우리의 몸과 마음을 혼란스럽게 하여 마음의 적정 상태를 깨뜨려 열반을 얻는 것을 방해하는 것이다.

소지장은 분별 망상과 어리석음(無明)으로 제법 실상을 모르게 하여 결국 깨치고 성불하는 것을 방해한다.

이 소지장은 일곱 가지 식에 근거한 번뇌장과는 달리 저 깊은 심층의 마음 즉 제8 아뢰야식에 뿌리를 두고 있으므로 끊기가 더 어렵다고 한다.

이러한 표면적인 뚜렷한 장애인 아집(번뇌장)과 법집(소지장)은 아공(我空)과 법공(法空)을 닦음으로써 끊어 버릴 수가 있다.

그러나 보다 미세한, 잘 보이지 않는 장애가 있는데, 그것은 더럽혀진 마음인 번뇌애(煩惱礙)와 근본 무명인 지애(智礙)의 두 가지다.

번뇌애라는 오염된 마음은 주관과 객관에 근거하여 일어나는

여러 가지 분별 망상과 상(相)을 취하는 마음이고 지애(智碍)는 우리로 하여금 깨치지 못한 상태에 있게 하는 근본적인 무명(根本無明)이다.

미세한 번뇌들은 깨끗한 마음(淨心)을 닦아서 없애고 근본 무명은 가장 심층에 있는 마음인 제8 아뢰야식을 정화하여 얻는 대원경지(大圓鏡智), 즉 맑은 거울 같은 지혜를 닦아서 제거할 수 있다.

이 대원경지가 바로 법화경에서 말하는 부처의 지혜(佛智慧)이다.

눈에 잘 띄는 번뇌인 번뇌장(煩惱障)과 미세한 번뇌인 번뇌애(煩惱碍), 그리고 눈에 잘 보이는 사물에 대한 집착인 소지장(所知障)과 미세하여 잘 보이지 않는 근본 무명인 지애(智碍)를 합쳐서 해탈과 열반을 얻는 데 방해가 되고 깨치고 성불하는 데 방해가 되는 장애(障碍)라 부른다.

법화 수행 안락행품의 지관법을 통하여 공(空)을 닦고 상불경보살과 약왕보살처럼 특히 아공(我空)을 닦아 모든 집착을 끊고 법화경의 독송과 겸하여 여섯 바라밀 등 경에서 설한 대로 행하는 수행을 통하여 몸과 마음을 정화(淨化)하고 불지혜를 깨치고 들어가 근본 무명을 제거함으로서 깨치고 성불함에 장애가 되는 모든 것을 제거해 나간다.

앞에서도 언급한 바와 같이 아(我)에 대한 강한 집착을 버리게 하기 위하여 무아(無我)와 공(空)을 설했지만 아(我)에 대한 집착을 버린 후에는 무아에 대한 집착도 버려야 한다.

　　그리하여 열반경종요에서 원효 대사는,
　　"아덕(我德)에 두 가지 뜻이 있는데,
　　소위 아견이란 변견과 무아견이란 변견을
　　모두 버리는 것이다.
　　이 두 가지를 다 떠나 아도 아니고
　　무아도 아니어야(非我非無我)
　　마침내 대아(大我)를 얻게 된다."고 말한다.
　　이것이 바로 중도(中道)에 입각한 올바른 아의 견해다.

　　열반경에서 세존께서 설하신 것처럼 내가 항상 있다는 생각은
상견(常見)이요, 내가 아주 없다는 생각은 단견(斷見)으로 바른 견
해가 아니다.

　　고정불변한 '나'가 항상 있다면 괴로움을 여의지 못하고 반대로
내가 아주 없다면 깨끗한 수행을 하여도 무슨 이익이 있겠는가.
　　법화경이 궁극적으로 가르치는 것은 이처럼 변견을 떠난 중도
실상(中道實相)이란 것을 우리는 항상 잊지 말아야 한다.

(5) 자비 수행

법화경에 보면 석가모니 부처님은 전생에 여러 부처님 밑에서 법화경을 듣고 법화 수행을 하여 성불하였다.

금생에서는 선정과 지혜로써 이 세상에 진리의 왕이 되었고, 인욕의 힘과 자비와 지혜로써 세상을 교화한다고 안락행품에서 설하고 있다.

성불하여 중생을 교화하려면 대자대비(大慈大悲)의 마음이 있어야 하는데, 그러한 자비심을 가지려면 자비 수행을 하여야 한다.

자비심을 기르는 수행은 크게 두 가지가 있다.

하나는 자비행을 직접 실천하는 가운데 자연히 자비심이 생겨나게 하는 것으로 보시나 사회봉사 같은 일을 하면서 자비심을 기르는 것이다.

다른 하나는 의식 수련을 통하여 자비심을 먼저 개발하고 그런

연후에 자비행을 하는 것이다. 이 경우에는 의식 수련이 어느 정도 되면 그와 함께 자비행을 실천하는 것도 포함된다.

티베트 불교에서는 의식 수련을 통한 자비심의 개발을 특히 강조하고 있으며, 여러 가지 수행법을 가르치고 있다.

우선 수행자는 궁극적으로 중생들의 이익을 위하여 깨치고자 하는 마음을 가져야 하는데, 이것을 보리심이라 한다.

보리심에는 두 가지가 있는데, 하나는 이른바 상대적 보리심이고 다른 하나는 절대적 보리심이다.

상대적 보리심은 자비심을 개발하는 수행이고, 절대적 보리심은 공(空)의 지혜를 닦는 수행이다.

자비 수행은 자비를 베푸는 주체와 자비행의 대상이 있으므로 '상대적'인 보리심이라 부른다.

절대적 보리심은 모든 현상의 본성이 공(空)함을 아는 지혜를 닦는 수행으로 주체와 객체를 다 초월하는 절대적 공(空)을 증득하는 수행이기 때문에 '절대적' 보리심이라고 부른다.

자비심을 닦을 때 수행자는 우선 자기 주위의 사람들, 심지어는 원수까지도 모두 과거 전생에 자기의 어머니였다고 생각한다.

낳아서 양육한 자식을 위해 자기의 목숨조차 버리려고 하는 그 어머니가 지금 여러 가지 고통 받고 있는 모습을 상상하여 불쌍

하다는 생각과 구해 주어야 하겠다는 마음을 낸다.

그러한 마음의 준비 과정을 거친 다음에 자비 명상 시에 수행자의 모든 행복을 명상의 대상이 되는 사람 또는 사람들에게 다 주고 그분들의 모든 불행을 내가 가져온다고 생각한다.

이것을 주고받기 명상이라 하는데, 줄 때는 숨을 내쉬면서 밝은 빛의 모양으로 내주고, 받을 때는 숨을 들이쉬면서 검은색의 모양으로 받아서 수행자의 빛나는 밝은 마음으로 그것을 녹여 없앤다.

그리고 이러한 마음과 의식 수행이 높은 단계에 이르면 남이 나를 모욕하거나 나의 재산을 빼앗거나 나를 모함하거나 나로부터 많은 도움을 받고도 뒤에서 나를 헐뜯을 때와 같은 모든 경우에 이러한 자비행을 실천한다.

이러한 수련을 통하여 자비가 완성되려면 공을 철저히 터득한 반야 지혜를 통하여 '나'와 '너', 그리고 보시나 봉사 활동과 같은 여러 가지 '자비행'을 한다는 생각과 의식이 그 마음에서 모두 없어져야 한다.

석가세존은,
"중생을 이롭게 돕는 것은
곧 나(부처님)를 이롭게 하는 것이요,
중생을 해치는 것은

곧 나를 해치는 것이다.

마치 어떤 사람이

자기 자식을 이롭게 도와줄 때

어머니가 기뻐하듯이

어떤 사람이

다른 사람이나 다른 생명체를 이롭게 도와줄 때

내 마음은 기쁨으로 충만한다.

어떤 사람이 다른 사람이나 생명체를 해치면

마치 자기 자식을 다른 사람이 해칠 때

그 어머니가 괴로워하듯이

내 마음은 지극히 괴롭다."라고 말씀하여 모든 존재에 대하여 부처님처럼 자비심을 가질 것을 강조하고 있다. 그리고 향, 꽃 등과 같은 것은 부처님께 올리는 최고의 공양이 아니고 최고의 공양은 모든 중생을 이롭게 돕는 일이라고 하였다.

부처님을 가장 기쁘게 하는 사람은 모든 사람에게 자비심을 갖고 돕는 사람이다.

'보살도'에서 샨티데비는,

"세상의 모든 즐거움과 행복은

다른 사람의 행복을 바라는 마음에서 오고

모든 고통과 불행은

자기 자신만의 즐거움과 행복을 원하는 마음에서 온다."고 말했다. 모든 사람에게 자비가 곧 행복의 원천이라는 것이다.

이러한 자비 수행의 공덕은 다음과 같다고 한다.
- 하늘과 사람들이 기뻐하고,
- 그들이 자비 수행자를 보호한다.
- 독이나 무기로 그 사람을 해칠 수 없으며,
- 수행자가 행복한 마음을 갖게 하여
- 모든 종류의 행복을 경험하게 하며,
- 그의 소원이 쉽게 성취되고
- 비록 즉시 해탈을 성취하지 못할지라도 가장 높은 세계에 환생하게 된다.

부처님과 모든 사람이 다 좋아하고 보호해 주려는 사람은 자비심을 가지고 다른 사람들을 돕고 그들의 소원을 들어주는 사람이다. 그러니 그러한 사람이 사회에서 성공하는 것은 매우 당연한 일이다.

그러므로 복 받고 성공하고 싶으면 부처님과 모든 사람을 기쁘게 하는 자비행을 하면 된다.

5. 증득(證得) : 영원한 부처의 세계

(1) 상주불멸의 본불

지금까지 법화경 독송으로 시작된 여행에서 우리는 제법 실상이 무엇인지 알게 되었고, 우리에게 편안한 즐거움을 주는 안락행의 수행을 마치고 바로 불지혜를 깨치고 들어가는 단계에 이르렀다.

이 단계에서 우리는 영원한 부처인 본불을 만나게 되고 고해(苦海)를 건너 니르바나의 땅에 도달하게 된다.

금강경은, '우리가 보는 모든 현상은 다 허망하다. 그리하여 모든 상(相)이 상이 아니라고 보면 곧 여래(如來)를 본다'고 설하고 있다.

진리를 진여(眞如)라 부르고 그 진리를 인격적으로 표현하여 여래 또는 법신(法身)이라 한다.

우리가 모든 현상의 겉모습만 보면 실상을 놓치기 쉽다.

그 겉모습 저 넘어 그 바탕에 있는 영원히 변하지 않는 본성과 본체를 보아야 현상과 사물의 실체를 제대로 볼 수 있다.

하늘에 떠 있는 구름만 보면 수시로 생겼다 수시로 소멸한다.

그러나 그 구름의 본질이 물(水性)임을 보게 되면 저 구름은 수증기가 모여 된 것이고, 인연을 만나면 비나 눈이 되어 내리고 그것은 바다나 큰 호수에 이르러 다시 수증기로 증발하여 다시 구름이 됨을 알게 된다.

물의 본성은 영원히 변치 않고 계속 모습을 바꾸어 나타날 뿐이다.

보이는 현상인 구름은 곧 물의 본성이 나타난 모양이다.

바람 한 점 없을 때 호수나 바다는 아무 움직임이 없이 고요한 물 그 자체인데 태풍이나 큰 바람이 불면 높은 파도를 일으킨다. 조용한 바다나 호수가 본체라면 파도는 그 본체가 나타난 모양이다. 그러므로 현상인 파도는 인연 따라 생겼다가 인연이 다하면 다시 상주불멸하는 본체인 바다로 돌아간다.

육체를 가진 사람이라는 모양도 변치 않는 본성, 또는 본체에서 나타난 현상이다.

본성을 불성(佛性)이라 하기도 하고 법성(法性)이라 부르기도 한다.

육체(肉體)와 대비시켜 그 본체를 법신(法身), 즉 진리의 몸이라고 부르기도 한다.

육체는 인연 따라 태어나서 일정한 기간 동안 존재하다 인연이 다하면 소멸하지만 그 본체인 법신은 상주불멸이다.

반야심경이 말하는 '나지고 않고 소멸하지도 않고 더럽지도 않고 깨끗하지도 않고 늘지도 않고 줄지도 않는 것'이 바로 이것을 말하는 것이다.

그러한 맥락에서 보면 2500여 년 전 인도에서 태어난 석가모니불은 영원한 본체인 본불(本佛)에서 중생을 교화하기 위하여 인간의 모습으로 나타난 화신불(化身佛)이다.

본체인 본불은 진리 그 자체로서 법신불(法身佛) 또는 법신이라 부른다.

석가모니 붓다는 완전한 깨달음을 성취한 사람이므로 깨달은 '진리' 그 자체를 인격적으로 표현하여 법신이라 부르고 오랜 수행으로 깨친 진리의 여러 가지 공덕, 즉 모든 것을 아는 지혜와 일체중생에 대한 끊임없는 자비와 같은 공덕을 인격적으로 표현할 때 보신(報身)이라 부른다.

그리고 그러한 공덕이 현실로 작용하는 몸으로 나타난 것이 바로 화신(化身)이다.

우리가 저 사람은 '분노의 화신'이라는 표현을 쓸 때 그 사람은 분노 그 자체라는 뜻을 표현한 것이다.

같은 뜻으로 크게 깨친 붓다는 진리의 화신이요, 지혜와 자비의 화신이다.

하나의 인간을 필요에 따라 개념적으로 법신, 보신, 화신으로 구분하여 부르고 있지만 법신, 보신, 화신은 결국은 하나로서 서로 다르지 않다.

파도가 곧 바닷물이요, 구름이 곧 비가 되니 서로 근본에서 아무런 차이가 없는 것과 같다.

그리고 수성(水性)이란 것이 현실적으로 식물과 곡식을 자양하고 사람과 동물이 먹는 식수가 되고 전기를 생산하는 발전용 물이 될 수 있는 여러 가지 공능을 가지고 있지만 이러한 공능이 현실적으로 작용하려면 물이라는 모습으로 나타나야 한다.

마찬가지로 법신인 본불이 이 세상의 고통 받는 중생들을 교화하여 열반을 얻게 하고 깨쳐 성불하게 하는 붓다의 일을 수행하려면 우리와 같은 사람의 모습을 띤 화신불(化身佛)로 이 세상에 출현해야 하는 것이다.

그리하여 방편품에서 '부처님이 세상에 출현하는 것은 중생들에게 불지혜(佛智慧)를 열어서 보여 주고 깨치고 들어가게 해주기 위한 것'이라고 한 것이다.

견보탑품에 다보탑을 타고 다보불이 땅속에서 나타난 그 순간, 다보불은 법신불이며 동시에 화신불이다. 그가,

"석가모니불이 설하는 묘법연화경은 진실 하나이다." 하고 증명의 말을 할 때 즉시 화신불이 된 것이다.

그리고 제바달다품에서 여러 대중에게 묘법연화경을 수행하면 속히 성불할 수 있다는 것을 증명해 보여 주기 위하여 등장한 용녀(龍女)가 게송으로 석가모니 붓다를 찬탄하여,
"미묘하고 청정한 법신이 서른두 가지 대인(大人)의 좋은 모습 갖추시고 여러 가지 좋은 모습으로 청정한 법신을 장엄하셨네." 라고 말한다.
이것은 우리처럼 육체를 가진 깨친 붓다의 몸은 화신(化身)이며 동시에 법신(法身)이라는 것을 보여 주는 것이다.

이와 같이 견보탑품과 제바달다품에서 예고된 영원한 상주불멸의 본불(本佛)이 드디어 여래수량품에서 등장하게 되었다.
종지용출품에서 무수한 보살들이 땅을 헤치고 솟아나는 장면은 본불의 등장에 큰 극적인 효과를 나타낸다.
'저 수행이 높은 무수한 보살들은 전부 누가 교화하였을까' 하고 궁금해하는 청중들에게,
"그들은 내가 깨치고 난 후에 모두 교화하였다. 실로 내가 깨친 것은 40여 년 전의 일이 아니라 헤아릴 수 없이 오래전의 일이다."라고 석가모니 붓다가 선언한다.

그리고 그는 자신의 수명은 영원하여 상주불멸하며 항상 이곳에 있어 중생을 교화한다고 한다.

그는 중생을 교화하기 위한 '방편(方便)'으로 태어나고 열반에 드는 모습을 보이기도 하고, 이곳에 있으면서도 신통력으로 전도된 중생들이 볼 수 없게 하기도 한다.

때로는 다른 이름과 다른 몸으로 다른 나라에 나타나서 중생들을 교화하는 일을 한다.

상주불멸의 본불은 중생 교화라는 목적을 위하여 자유자재로 화신불의 모습을 나타낸다.

법화경 여래수량품은 이것을 양의(良醫)의 비유를 들어 설한다.

어떤 명의가 출타했다 돌아와 보니 아들들이 잘못하여 독약을 마시고 모두 신음하며 괴로워하였다. 그는 즉시 명약을 지어서 그들에게 먹으라고 하니 아직 본정신을 잃지 않은 아이들은 그 약을 먹고 다 나았다.

그러나 독약으로 본정신을 잃은 아이들은 그 좋은 약을 먹으려 하지 않아 아버지인 의사는 멀리 다른 나라에 가서 방편으로 죽었다고 집에 기별을 하였다.

그 소식을 들은 아이들이 크게 슬퍼하다가 제정신이 돌아와 그 약을 먹고 다 회복하였다.

여기에서 죽지 않았지만 방편으로 죽었다고 한 의사는 석가모

니본불을, 그리고 슬픔이란 충격을 받고 겨우 제정신이 돌아와 약을 먹은 아이들은 불신(不信)의 병에 걸린 말법 시대의 중생들을 가리킨다.

독을 마신 중생들에게 꼭 필요한 약이 바로 법화경이지만 말법 시대 중생들이 그것을 잘 받아들이지 않는다는 것이다.

다보불도 그렇고 석가모니불도 법신불이면서 필요에 따라 자유자재로 화신불(化身佛)의 몸을 나타낸다. 관세음보살도 서른세 가지 모습으로 몸을 바꾸어 중생들을 제도하는데, 부처님이야 더 말할 필요가 없다.

법신불인 석가모니 본불은 수명이 영원하며, 항상 이곳에 있어 법화경을 설한다.

(2) 현실 이대로가 극락정토

종지용출품에서, 석가세존은 많은 중생들이 묘법연화경을 듣고 모두 불지혜에 들게 하였고, 또 이 법화회상의 성문들도 이미 불지혜에 들게 하였다고 설한다.

방편품에서, 제법 실상을 아는 불지혜를 중생들에게 열어서(開) 보이고(示), 깨치게 하고(悟), 그리고 그 불지혜에 들게(入佛知見) 하겠다고 말한 석가세존의 약속대로 우리의 법화 수행이란 여행도 이미 불지혜에 드는 단계에 도달하였다고 한다.

다른 수행법에서는 오로지 자신의 힘(自力)만으로 견성(見性)해야 하는데, 법화 수행에서는 법화경의 수지 독송과 경이 설한 대로 수행하는 자력의 바탕 위에 영원한 부처님의 불가사의한 힘(佛

力)과 묘법인 법화경의 힘(法力)으로 불지혜를 깨쳐 제법 실상을 알고 궁극적으로 성불하게 되는 것이라고 한다.

이것이 법화경만이 갖는 독특함이다.

법화 수행으로 불지혜에 들어 모든 현상이 있는 그대로 진실상이라는 것을 깨치게 되면 모든 것을 있다(有) 없다(無), 생(生)이다 사(死)다, 실(實)이다 실이 아니다(非實) 하고 둘로 나누어 분별하는 중생들과 달리 제법은 있는 것도 아니고 없는 것도 아니요, 생도 아니고 사도 아니요, 실도 아니고 허도 아니라고 부처님같이 중도실상으로 보게 된다.

그렇게 보게 되면 중생들이 고통으로 가득하다고 보는 이 세상이 있는 그대로 극락정토가 된다.

극락정토는 죽어서 가는 곳이 아니고, 유마경이 설했듯이 분별 없는 불이(不二)의 깨끗한 마음을 가질 때 살고 있는 이 세상이 그대로 정토요, 극락이 된다.

여래수량품에서는, '중생들은 이 세상이 불에 타고 근심과 걱정과 고통으로 가득 찬 곳으로 보는데, 부처님은 항상 꽃 피고 중생들이 즐겁게 노는 곳으로 중생들과 다르게 본다'고 설하고 있다.

우리는 대부분 근심과 두려움과 괴로움 속에서 일생을 살고 있지만 어쩌다 한두 번 근심과 걱정으로부터 잠시 벗어나 어떤 가을날 파란 하늘을 바라보며 벼가 누렇게 익어 가는 들판 길을 걸으며 마치 천국을 걷고 있는 듯 더없이 즐겁고 행복한 순간을 맞볼 때가 있다.

그때 문득 어제 받았던 심한 모욕이나 사업상의 고민이 마음에 떠오르면서 지금까지의 평온함과 행복감은 여지없이 깨어져 그 아름답던 가을 들판 길은 고통의 길이 되어 버린다.

이와 같이 우리의 마음 상태에 따라 똑같은 길이 어떤 때는 고통의 길이 되기도 하고, 또 어떤 때는 천국의 길이 되기도 한다. 마음이 깨끗한 본성에 머물 때 고해는 바로 낙원이 된다.

이러한 경험을 통하여 우리는 불지혜를 가지고 보면 현실이 있는 그대로 낙원이라는 가르침을 어느 정도 짐작할 수 있을 것이다.

나가르쥬나는,
"동일한 일상의 현상계를
지혜의 눈으로 보면
불이(不二)의 열반이고,
범부·중생의 눈으로 보면
생사(生死) 고통의 세계"라고 하였다.

승찬 대사는 그의 신심명에서 그 경지를 이렇게 노래했다.

"둘이 아니고 모두 같아서(不二皆同)

포용하지 않음이 없고(無不包容)

있음이 곧 없음이요(有卽是無),

없음이 곧 있음이라(無卽是有)."

　중도를 깨치고 보면 있음과 없음이 하나요, 고통의 세계가 곧 극락정토이다.

　그리고 중요한 것은 그것을 바로 이곳에서 이 몸 그대로 이룰 수 있다는 것이다.

(3) 법화 수행 공덕

분별공덕품, 수희공덕품, 그리고 법사공덕품은 부처님 수명이 영원하다는 법문을 듣고 얻는 공덕, 법화경 설법을 들은 사람에게서 전해들은 공덕, 그리고 법화 수행을 하는 수행자가 얻는 안, 이, 비, 설, 신, 의 여섯 가지 감각 및 인식 기관이 청정해지고, 뛰어난 능력을 발휘하는 공덕을 설한다.

법화경을 독송하고 설한 대로 수행하여 얻는 공덕은 법화경의 곳곳에서 설하고 있다(약왕보살품, 보현보살권발품, 법사품 등).

첫째로, 부처님의 수명이 영원함을 듣고 얻는 공덕으로,
- 불생불멸의 진리, 즉 무생법인(無生法忍)을 얻고
- 자유자재로 법을 설하는 능력을 얻고
- 일생 만에 가장 높고 완전한 깨달음을 얻는다.

사람들은 우리가 보는 현상과 사물이 항상 변하지 않고 머물러 있다고 생각하고 그것들에 의지하고 집착한다. 재산도, 권력도, 우리의 몸도 그렇다고 여기고 의지한다.

그러나 어느 순간 그렇게 믿고 의지하던 재산이나 건강이 사라지면서 몹시 괴로워한다.

그리하여 부처님은 이 세상의 모든 사물과 현상은 영원하지 않고 무상(無常)한 것이니 그것에 애착하고 의지하지 말라고 가르쳤다.

생겨난 모든 사물과 현상은 잠시 머물다 변하고 결국 사멸(生住異滅)하는 존재로서 믿고 의지할 것이 못 된다는 것이다.

우리의 육체도 태어나서 좀 머물다가 늙고 병들어 죽어 없어지고 권력도 무상하고 재산도 무상하여 언젠가는 우리 곁에서 사라진다.

어떤 사람들은 이렇게 제행무상(諸行無常)의 가르침을 받고 모든 것은 사멸하고 허무하게 없어진다고 단순하게 믿는 허무주의에 빠지게 되었다. 이것을 불가에서는 단견(斷見)이라 부른다. 영원하지 않은 것을 영원한 것이라 착각하는 것이 고쳐야 할 병이듯이 모든 것이 허무하여 이 세상에 믿고 의지할 것은 아무것도 없다고 생각하는 단견도 고쳐야 할 병이다.

그리하여 부처님은 계속 생멸을 거듭하고 수시로 변하는 현상과 사물의 이면에 변하지 않는 사물과 사람의 본성이 있으며, 그

변함없는 본성을 보고 깨치면 고통에서 해탈하고 '열반'이라는 마음의 평화를 얻는다고 가르쳤다.

그 본성을 진여, 공, 불성 등 여러 말로 다르게 부르지만 다 같은 뜻으로 우리 마음과 우리가 대하는 사물의 변함없고 깨끗한 본성을 가리킨다.

항상 이분법(二分法)적 사고의 습성에 젖어 있는 사람들은 이번에는 저 현상과 사물은 무상하여 의지하고 믿을 것이 못되고 오직 믿고 의지할 것은 우리 마음과 사물의 본성밖에 없다고 생각하게 되었다.

모든 것이 허무하다는 단견에 대하여 이것을 상견(常見)이라 부른다. 무상한 것을 영원하다고 착각하는 것을 '그릇된' 상견이요, 의지할 것은 본성을 깨쳐 얻는 열반밖에 없다고 생각하는 것은 '한쪽으로 치우친' 상견이다.

부처님 수명이 영원함을 설한 법화경의 여래수량품을 듣고 얻는 불생불멸의 진리인 무생법인(無生法忍)은 상(常)과 무상(無常)을 다 초월한 절대적인 상으로 여래가 얻는 법신의 상덕(常德)이요 중도의 상(常)이다.

아무리 생멸하여 한시도 그대로 머물러 있지 않는 현상이라 하더라도 우리가 두 발을 딛고 살아가야 하는 우리의 현실이니 만큼 피하고 버릴 수는 없는 것이며, 아무리 변치 않는 본성이라 하더라도 그것만이 전부라고 집착하고 애지중지해서는 안 된다.

151

그리하여 법화경은 상과 무상이라는 대립적인 관념이 설 자리가 없는 절대적 진리인 무생법인을 가르쳐 중도실상을 깨치게 하는 것이다.

그러므로 열반경종요에서 원효 스님은,
"여래는 둘이 없는 본성(無二之性)에 통달하시어
유위(有爲)인 생사(生死)를 버리지도 않으시니
생사가 열반과 다르다고 보지 않기 때문이고
무위(無爲)인 열반을 취하지도 않으시니
열반이 생사와 다르다고 보지 않기 때문이다.
이러한 두 가지 의미에 의해
단견(斷見)과 상견(常見)을 멀리하는 것이
법신(法身)이 가지는 상(常)이란 공덕의 뜻이다."라고 말씀하셨다.
생사를 거듭하는 현상은 무상한 것이고 본성을 깨쳐 얻는 열반은 항상한 것인데, 생사와 열반이 다르지 않다고 보아 무상한 생사를 버리지도 아니하고 항상한 열반을 취하지도 않는다는 것이다. 그렇게 함으로써 단견과 상견에서 벗어나 중도실상을 얻는다.

승만경에서, "세존이시여, 제행을 무상이라 보는 것, 그것은 단견이지 정견(正見)은 아니오며, 열반이 상주라고 보는 것, 그것은 상견이지 정견은 아니옵니다."라고 말하는 것도 같은 뜻을 전한다.

부처님의 수명이 영원함을 설한 여래수량품에 등장하는 부처님은 법신불(法身佛)인 본불(本佛)이다.

수명이 영원한 법신불을 설한 여래수량품의 법문을 듣고 그곳에 모인 대중들은 무생법인을 얻고 또 일생 만에 무상의 깨침을 얻는다고 한다.

이 불생불멸의 진리는 상과 무상을 다 떠나고 동시에 다 포용하는 중도실상의 진리라는 것을 유념해야 한다.

어떤 사람이 완전한 깨달음을 성취하고자, 아주 오랫동안 지혜바라밀을 제외한 다섯 가지 바라밀, 즉 보시, 지계, 인욕, 정진, 선정 바라밀을 행한 공덕은 부처님의 수명이 영원함을 듣고 잠깐동안 믿는 공덕만 못하다.

둘째로, 법화 수행을 하고 얻는 공덕으로 중생들을 여러 가지 고통에서 해탈케 해준다.
- 병들고 늙고 죽는 고통에서
- 탐, 진, 치 삼독의 괴로움에서
- 질투, 아만의 괴로움 등에서 벗어나게 해준다.

153

셋째로, 법화경을 독송하면 그 공덕으로 몸과 마음이 깨끗하게 정화된다.

눈, 귀, 코 등 우리의 감각 기관과 마음을 깨끗하게 정화시켜 주어 몸과 마음이 본래부터 갖춘 신통한 능력을 제대로 발휘하도록 한다.

넷째로, 소원을 충만케 하고 이롭게 한다.

마치 청량한 샘물이 목마른 사람을 만족케 하고 추운 사람이 불을 얻음과 같고, 장사하는 사람이 고객을 만남과 같고, 병든 사람이 의사를 만남과 같고, 가난한 사람이 보배를 얻음과 같다.

다섯째로, 부처님과 보살들이 여래의 사신인 법화 수행자를 항상 지켜 준다.

- 백천 부처님이 항상 지켜 준다.
- 타방의 현재 부처님들이 호념한다.
- 부처님이 함께 생활하며(與如來同宿),
- 부처님이 어깨에 업어 주고, 손으로 머리를 쓰다듬어 주고, 옷으로 덮어 주신다.
- 약왕보살, 용시보살 및 보현보살, 비사문천왕 등, 그리고 나찰녀들이 수행자를 보호한다(다라니품).

여섯째, 수행자의 임종 시 좋은 곳으로 인도한다.

• 천녀들이 인도하여 도리천 상에 화생하게 되고

• 안락세계의 아미타불 처소로 가고

• 일천 부처님이 손수 이끌어 도솔천 상의 미륵보살 처소로 간다.

일반적으로 사람들은 다음과 같은 네 가지 종교적 욕구를 가지고 있다.

첫째, 살아가면서 겪게 되는 여러 가지 고통과 괴로움에서 벗어나고 싶어 한다. 사람은 부자나 가난한 사람이나 다 크고 작은 괴로움에 시달리고 있으며, 따라서 그 괴로움에서 벗어나고 싶은 강한 내면적 욕구를 가지고 있다.

둘째, 누구나 거의 예외 없이 여러 가지 두려움과 불안 속에서 살아가고 있으며, 그러한 불안에서 해방되고 싶은 강한 욕구를 갖고 있다.

직장에서 언제 정리 해고되는 것은 아닌가, 잘되던 사업이 갑자기 잘못되어 부도는 나지 않을까. 또는 나쁜 병에 걸려 건강을 잃지는 않을까 하고 항상 불안하다.

불안을 달래려고 술도 마시고 운동도 해보고 약도 먹어 보지만 근본적으로 해소되지는 않는다.

그러므로 그러한 불안감에서 근본적으로 해방되고 싶은 강렬한 욕구가 마음속에 일어난다.

셋째, 누구나 다 생활 속에서 크고 작은 소원을 갖고 있으며, 그 소원들이 이루어졌으면 하는 간절한 소망을 갖고 있다.

사랑하는 자식이 좋은 대학에 입학했으면, 대학을 졸업하고 좋은 직장을 얻었으면, 남편이 하는 사업이 잘되었으면, 가족 모두 건강했으면 하는 소원들을 갖고 있으며, 따라서 그러한 소원들이 이루어지길 바라는 마음이 간절하다.

넷째, 수행을 통하여 궁극적인 깨달음을 성취하고 해탈과 열반을 얻고 싶어 한다.

법화 수행은 위에서 보았듯이 이러한 종교적 욕구를 모두 충족시켜 준다. 그러므로 묘법연화경이야말로 말법 시대 사바세계 중생들을 위하여 붓다께서 남겨 두신 좋은 약이요, 귀중한 보배라고 한다.

여래신력품과 신해품에서도 말했지만 법화경은 비요지장(秘要之藏)이요, 비장지법(秘藏之法)이다.

부처님이 말법 시대 중생들의 병을 고치기 위하여 특별히 남겨 둔 비법과 비방이 법화경이라는 것이다.

우리들이 귀중품과 보물을 비밀 장소에 보관하는 것은 전란이 나거나 심한 기근이 들거나 기타 천재지변 등 위급한 상황이 발생했을 때 쓰려고 하듯이 묘법연화경이란 비요지장을 어지럽고 위태로운 말법 시대에 쓰기 위하여 남겨 둔 보배라는 것이다.

비유품에서는, "어떤 사람이 내가 설하는 묘법연화경 믿는다면 여래를 보는 것이요…… 비구승들과 모든 보살을 보는 것이니라" 하고 설하고 있으며,

법사품에서는, "법화경을 독송하거나 쓰거나, 또는 법화경 경전이 있는 곳은 어디나 응당 칠보탑을 세우되…… 다시 사리를 봉안할 필요가 없나니 왜냐하면 그 가운데는 여래의 전신이 있는 까닭이니라." 하고 설하여 법화경 자체가 불법승 삼보(佛法僧三寶)임을 천명하고 있다. 즉 삼보를 대표하는 법화경은 곧 말법 시대에 대비하여 부처님께서 남겨 두신 하나의 큰 보배이다.

그러므로 위급한 말법 시대에 궁극적으로 의지할 것은 재산도 아니요, 명예와 권력도 아니요, 건강한 몸도 아니다. 오직 의지하고 귀의할 것은 법화경뿐이다.

근심과 걱정과 불안이 가득 찬 말법 시대에 누구나 법화경에

의지하면 열반의 저 언덕으로 갈 수 있다. 이것이 바로 법화경이 갖는 법력(法力)과 불력(佛力)의 공덕이다.

〈고(苦)에서 벗어나는 세 가지 길〉

부처님의 가르침 중에 우리가 살면서 겪는 괴로움(苦)에서 벗어
나는 길이 대체로 세 가지가 있다.

첫째는 초기의 가르침으로 네 가지 성스러운 진리(四聖諦)이다.

- 모든 것은 괴로움이다(苦).
- 괴로움에는 원인이 있다(集).
- 원인을 제거하면 괴로움(苦)은 소멸 한다(滅).
- 고를 소멸시키는 데 여덟 가지 바른 길(八正道)이 있다(道).

그 여덟 가지 바른 길은,

바른 견해(正見)

바른 생각(正思惟)

바른 말(正語)

바른 행(正業)

바른 생활(正命)

바른 정진(正精進)

바른 깨어 있는 마음(正念)

바른 선정(正定)이다.

내가 이웃과 싸워서 마음이 괴로우면 괴로움의 원인인 싸움을

그치면 마음의 평화를 얻게 된다.

그렇게 하려면 생활 속에서 항상 바른 견해와 바른 생각을 하고 바른 말과 행동을 하여 항상 깨어 있는 마음으로 정진하면서 차분하게 생활해야 한다.

이것이 네 가지 진리의 가르침이고 이러한 가르침을 따라 실천하면 생활 속에서 겪는 괴로움을 어느 정도 피할 수 있을 것이다.

두 번째는 반야심경의 가르침으로 모든 것이 공(空)이므로 '나'도 없고 대상도 없으니 고(苦)도 없다는 것이다.

반야심경은 오온(五蘊)을 비롯한 모든 것이 공임으로,

"공 가운데 무명(無明)도 없고 무명이 다함도 없고,

늙고 죽는 것도 없고 늙고 죽는 것의 다함도 없으며,

고(苦)도, 고의 원인(集)도, 고의 소멸(滅)도,

그리고 고의 소멸에 이르는 길(道)도 없다." 고 설하고 있다.

이러한 가르침에 따라 공을 철저히 증득하면 고집멸도가 없음으로 능히 일체의 괴로움이 없게 된다.

세 번째가 법화경의 가르침으로 묘법연화경을 수지 독송하면 모든 괴로움에서 해탈한다는 것이다.

약왕보살품에서,

'묘법연화경은 능히 일체중생을 구원하느니라.
묘법연화경은 능히 일체중생의 온갖 고뇌를 여의게 하고
묘법연화경은 능히 일체중생을 크게 이익케 하고
소원을 충만케 하느니라' 라고 설하고 있다.

사성제의 가르침에 따른 수행은 고를 어느 정도 해결해 주지만 고의 뿌리를 제거하지는 못하고 반야심경의 가르침은 고(苦)의 뿌리를 뽑는 방법임에는 틀림이 없지만 최상의 근기를 가진 높은 경지의 수행자가 아니면 성취하기 어려운 경지이다.

결국 경쟁이 치열한 말법 시대를 살고 있는 생활인들에게 가장 쉽고 적합한 길이 세 번째 법화경의 가르침이다.

본인의 노력으로 괴로움을 해소할 수 있으면 좋고, 본인의 노력으로 해결할 수 없는 많은 사람들에게 있어서 법화경의 독송만큼 손쉬운 길은 없다. 다만 필요한 것은 부처님이 열반하시기 전에 남기신 이 묘법연화경의 가르침을 믿고 따라 실천하는 일 뿐이다.

6. 행원(行願) : 실천과 교화

(1) 중생의 교화

법화 수행의 여정이 거의 끝나는 지점에 이르렀다.

수행이 끝났으면 이제 당초 발원한 대로 저 고통 받고 있는 사람들의 고통을 덜어 주고, 그들로 하여금 깨치게 법화경으로 제도하는 교화 불사를 행하여야 한다.

관세음보살과 묘음보살은 대자비심을 가지고 상황에 따라 여러 가지 몸을 바꾸어 중생들을 제도해 나간다.

가난한 사람들을 제도하기 위하여 같이 가난한 사람들의 모습으로 바꾸어 그들에게 법화경을 설해 주어 제도하고, 몸 파는 여자들을 제도하기 위하여, 그들과 같은 몸으로 바꾸어 제도하는 일을 수행한다.

우리는 고통스러울 때나 두렵고 불안할 때 '나무관세음보살'
하고 염송한다. 그것도 물론 중요하지만 오히려 관세음보살품이
나 묘음보살품이 우리에게 가르치는 것은 법화 수행을 하여 깨치
고, 대자비심을 발휘하여 관세음보살과 묘음보살처럼 여러 사람
들을 어려움에서 구원해 주라는 것이다.

관세음보살품을 독송할 때 내 한 몸 잘되게 해주고 내 가족 잘
되게 해 달라는 소원을 가지고 하는 것도 필요하겠지만 그보다
중요한 것은 관세음보살처럼 무한한 자비심으로 어려운 사람들
을 돌보겠다는 굳은 결의를 가지고 하는 것이 관세음보살품의 가
르침에 충실하는 것이다.
  촉루품, 여래신력품, 그리고 약왕보살품과 보현보살품에서는
말법 시대의 중생들에게 가장 효과가 있는, 빠르고 쉬운 성불의
길(一佛乘)을 중생들에게 널리 알려 이익 되게 하라고 설한다.

  법화경은,
  • 여래의 일체 모든 법(如來一切所有之法)
  • 여래의 일체 자재한 신통력(如來一切自在神力)
  • 여래의 일체 비요(如來一切秘要之藏)
  • 여래의 일체 깊은 불사(如來一切甚深之事)를 모두 갖춘 최고의
법문이므로 많은 이들로 하여금 접할 수 있게 하라는 것이다.

특히 이 말법 시대에 잘못된 수행의 길에 들어가서 헛되이 고생만 하는 수행자들이 많은 터에 올바른 수행법을 전하는 일이 대단히 중요하다.

부처님께서 중생들의 번뇌가 많고 믿음과 지혜가 적은 말법 시대를 위하여 비밀히 마련해 둔 법(秘藏之法)인 묘법연화경을 여러 사람에게 널리 알리는 일이야 말로 중생 제도를 위한 교화 불사(敎化佛事)의 첫걸음이 된다.

(2) 실천 제일

법화경의 독송 자체가 수행이고 실천이지만 그 외에도 안락행품이나 다른 품에서 설한 대로 수행하는 것을 실생활 속에서 실천해 나가지 않으면 안 된다.

그러한 이유로 제일 마지막 품인 보현보살권발품에서 실행과 실천 제일인 보현보살이 등장하여 실천의 중요성을 역설한다.

이 품에서 부처님은, '여래가 열반한 후에 법화경을 얻으려면,
첫째, 모든 부처님의 호념이 있어야 한다.
둘째, 모든 덕본과 선근을 심어야 한다.
셋째, 바른 수행의 길에 들어야 하고
넷째, 일체 중생을 구제코자 하는 마음을 내야 한다'고 설한다.

보현보살은, '말법 시대에 법화 수행을 하고자 하면 마땅히 삼칠일(三七日)을 정진해야 하고 그것을 마치면 다라니를 줄 것'이라고 한다.

묘법연화경을 수지 독송하다가 바르게 기억하고, 그 진리를 깨치고, 설함과 같이 닦아 행하면, 이것이 바로 보현행을 하는 것이라고 한다.

보현보살은, '말법 시대에 묘법연화경을 사바세계에 널리 유포하여 끊어지지 않게 하겠으며, 신통력으로 그 경을 수호하겠다고 부처님께 맹세하고, 부처님도 신통력으로 보현행을 하는 사람을 수호할 것'이라 한다.

법화경을 수지 독송하는 사람은 석가모니불을 보고 직접 석가모니불의 입으로부터 법화경을 듣는 것이며, 또 그 부처님께 공양드리는 것이요, 부처님으로부터 착하다고 칭찬받는 것이요, 석가모니불이 그 머리를 손으로 쓰다듬어 주고 옷으로 덮어 주는 것임을 알아야 한다.

열 가지를 다 알고 한 가지도 실천 안 하는 것보다 한 가지를 알고 그 한 가지를 실천하는 것이 더 좋다.

구체적으로 법화 수행시 실천해야 할 것은

첫째, 지속적으로 법화경을 수지 독송한다는 것.

둘째, 지관의 수행을 하여 항상 선정과 지혜를 닦고 행하는 것.

셋째, 나머지 여섯 바라밀인 보시, 지계, 인욕, 정진을 지속적으로 닦고 실천하는 것이다.

법화경에는 많은 보살들이 등장한다.

특히 마지막 부분에 와서 많은 보살들의 수행담과 보살행을 보여 주고 있는데, 그것은 법화 수행자들로 하여금 그와 같이 수행을 하고 수행한 바를 생활 속에서 실천하라고 하는 것이다.

법화경의 처음에 등장하는 보살이 문수보살과 미륵보살이다.

문수보살은 지혜를 상징하는 보살이고, 미륵보살은 석가모니불로부터 다음에 부처가 될 것이라는 수기를 받은 보살이다.

이와 같이 두 보살을 처음에 등장시킨 데는 깊은 뜻이 있다.

지혜의 화신인 문수보살이 미래불인 미륵보살을 인도하는 것은 성불하려면 불지혜를 깨치고 제법 실상을 알아야 한다는 것을 보여 주는 것이다.

무상의 깨침을 얻고 성불하려면 공덕과 지혜가 있어야 한다.

공덕은 중생들에 대한 깊은 자비와 중생을 교화하는 자비행(慈悲行)을 말하고 지혜는 일체종지인 불지혜를 말한다.

문수행(文殊行)이 곧 지혜를 닦는 수행을 가리키고 자비행은 관세음보살의 교화행(敎化行)을 말한다.

관세음보살은 중생들을 모든 괴로움에서 해탈시키고 묘법연화경의 진리를 가르쳐 제도한다.

티베트 불교에서는 자비라는 공덕을 쌓는 것을 상대적 보리심(bodhichitta)의 수행이라 부르고, 공(空)의 지혜를 닦는 것을 절대적 보리심의 수행이라 부른다. 그리하여 자비와 지혜를 성불 수행의 가장 중요한 요소로 보고 있다.

안락행품에서 부처님은 인욕의 큰 힘과 지혜와 자비로 세상을 교화한다고 설하고 있는데, 성불하는 데 있어서도 지혜와 자비가 중요하지만 세상을 교화하는 데도 지혜와 자비는 불가결의 요소이다.

성불을 위한 수행에 있어서도 그리고 중생을 교화할 때도 인욕이 대단히 중요시된다.

석가모니불의 전생인 상불경보살은 많은 증상만들의 박해를 잘 인욕하여 그들을 공경하였고 여러 부처님들 밑에서 법화 수행을 하고 결국 성불하였다.

그러므로 법사품에서 법화 수행은 '자비심'이라는 여래의 방에 들어가서 '유화인욕심'이라는 여래의 옷을 입고 '일체가 공(空)하다'고 아는 여래의 자리에 앉아서 수행해야 한다고 설하고 있다.

마지막으로 등장하는 보살이 법화경을 수호하는 보현보살인데 그는 특히 실천의 행(行)을 상징한다.

화엄경 보현행원품에서 '부처님의 가르침을 항상 배우고 항상 실천하겠다'는 보현보살의 행원(行願)이 그것을 잘 나타내고 있다.

이와 같이 문수보살, 관세음보살, 상불경보살, 보현보살 등을 등장시켜 지혜와 자비와 인욕을 닦고 실천하라고 법화경은 가르치고 있다.
특히 자비를 많이 가르치고 있는 것이 다른 경전에서 볼 수 없는 법화경의 특징중 하나이다.

(3) 매일 하는 법화 수행

견보탑품은, '법화경을 수지하고 독송하는 것 자체가 용맹 정진이요, 청정지계(淸淨持戒)요, 두타행(청정한 수행)으로서 즉시 무상의 불도를 얻게 한다'고 설하고 있다.

앞에서도 누누이 얘기했지만 법화경을 독송하는 것은 그 자체로 수행이기 때문에 매일매일 세수하고 밥 먹듯 독송하고, 또 경에서 설한 대로 안락행을 비롯한 여러 가지 수행을 해 나가야 한다.

그 결과로 앞에 말한 여러 가지 공덕을 얻는 것을 체험으로 알게 된다.

다만 깨쳐 성불하였는지는 오직 부처님만이 아신다고 했으니, 우리는 내가 어느 정도의 단계에 왔는지 알려고 하기보다 그저 매일의 일과로서 독송과 지관법을 비롯한 안락행 등을 생활 속에서 수행하고 실천하면 되는 것이다.

금생에 태어나서 법화경을 만나서 그에 따라 매일 수행하는 것은 큰 축복이다.

그렇게 좋은 것이 있는지 몰라서 하지 못하는 사람은 참으로 박복한 사람이요, 그런 것이 있는 것은 알지만 의심하고 믿지 못하여 못한다면 지혜가 없는 사람이라 할 수밖에 없다. 먹고 사는 일이 너무 바쁘거나 건강이 좋지 않거나, 또는 다른 이유 때문에 법화 수행을 하지 못한다면, 그것은 참으로 불행한 일이 아닐 수 없다.

우리는 언제 죽을지 모른다. 우리는 누구나 죽을 때 그동안 쌓아 놓은 재산, 귀한 자식들, 얻은 명예와 권력 등 모든 것을 다 버리고 간다.

오직 가지고 가는 것은 그동안 자기가 지은 업밖에 없다고 한다.

금생에 마음과 말과 몸으로 지은 모든 업이 다음 생에 어떤 몸을 받고, 어떤 모습으로 태어날지를 결정한다고 한다.

그러므로 한시라도 방일할 시간이 없다.

그래서 법화경 서품에서, 또 약왕보살품이나 상불경보살품에서 업에 따라 태어나고, 법화 수행하여 보살이 되고 부처가 되는 광경을 여러 차례 보여 주는 것이다.

우리가 죽기 전에 반드시 마쳐야 할 여행이 있다.

그것이 다름 아닌 법화 수행이란 자기를 찾는 여행이요, 마음의 고향으로 돌아가는 여행이다.

그곳으로 가는 길은 모든 것을 다 아는 일체종지(一切種智)와 모든 것을 다 보는 부처의 눈(佛眼)을 가진 부처님이 가르쳐 주신 길이다.

제정신이라면 당연히 그 길을 가야 한다.

수행을 한다면서 부처님의 가르침을 의심하고 믿지 않으면 그것은 외도 수행(外道修行)이지 불교 수행이 아니다.

불교 수행에서 궁극적으로 의지해야 할 것은 오로지 부처님의 가르침뿐이란 것을 잊지 말아야 한다.

과거로부터 전해 내려왔지만 이 말법 시대에는 맞지 않고 효과도 없는 수행법을 그냥 답습하는 수행자들이 가는 길을 남이 간다고 무조건 따라가서는 안 된다.

그 길은 소득 없는 고생길이다. 그 길을 10여 년 이상 가 본 사람들은 스스로 잘 알 것이다.

그러므로 우리는 부처님 말씀을 믿고 바로 부처되는 길을 따라가야 한다.

그리하여 법화 수행을 하여 항상 대자비심이라는 여래의 방에 들어가서 유화인욕심이라는 여래의 옷을 입고 모든 현상과 사물의 본성이 공(空)하다고 아는 지혜인 여래의 자리에 앉아서 여래행(如來行)을 닦아야 한다.

법화경 다라니품에 보면, '다만 묘법연화경 제목을 받아 지니는 사람을 옹호하여도 복이 한량없느니라' 하는 부처님의 말씀이 있는데, 그것은 제목을 받아 지니는 것도 그렇게 중요하다는 뜻이다.

물론 법화경 전체를 독송 수행(讀誦修行)하는 것이 더 좋겠지만 여러 가지 이유로 그것을 할 수 없을 때는 '나무묘법연화경' 하고 제목만이라도 수지하는 것이 아무것도 하지 않는 것보다 좋기 때문에 여기에 간소한 법화 수행을 소개하는 것이다.

건강이 좋지 않거나, 아주 바쁘거나, 국내외 여행 중이거나, 또는 다른 여러 가지 이유로 정상적인 법화 수행을 할 수 없을 때 할 수 있는 간소한 법화 수행이 있다.

첫째, 아침에 일어나서 세수하고 법화경 앞에 단정히 무릎 꿇고 앉는다(법화경이 없으면 그냥 한다).

두 손을 합장하고 "나무묘법연화경" 하며 소리를 내거나 또는 마음속으로 염송하면서 3배 한다.

둘째, 3배를 끝내고는 무릎 꿇고 합장한 자세로 앉은 채 마음속으로 또는 소리를 내어, "제가 지금까지 살아오면서 지은 모든 죄업을 부처님께 깊이 참회하옵니다." 하고 세 번 반복한다(다시는 그러한 죄업을 짓지 않겠다는 굳은 결의를 가지고 한다).

셋째, 같은 자세로 앉아 마음속으로, "이 세상의 일체 중생이 모든 고통에서 해탈하고 소원 성취하길 기원하옵니다." 하고 세 번 기원한다.

넷째, 이렇게 기원이 끝나면 마음속으로 본인의 소원을 말하고 그 소원이 이루어지게 하여 주시옵소서 하고 세 번 기원을 한다.
그리고 잠시 조용히 그대로 합장하고 앉은 자세로 눈을 감고 자기의 소원이 이루어지는 모습을 마음속으로 상상한다.

다섯째, 그것이 끝나면 다시 "나무묘법연화경" 하고 3배를 하고 끝마친다.

이것을 사정에 따라 저녁 잠자리에 들기 전이나 또는 매일 조석으로 한다.

7. 한 송이 흰 연꽃

한 송이 연꽃으로부터
나는 이와 같이 들었다.
연꽃의 씨앗은 천년이 가도
만년이 가도 변치 않고
진흙과 물, 그리고 따뜻한 햇볕 같은
적합한 조건과 인연을 만나면
발아하고 자라서
꽃이 피고 열매를 맺는다.
우리의 불성(佛性)과 불지혜도
몇 생을 거듭하여 죽고 다시 태어나도
변치 않고 좋은 인연을 만나면 꽃을 피우고
성불이라는 열매를 맺는다.

그 좋은 인연이 바로 묘법연화경이다.

연꽃은 피는 것과 동시에 열매가 열린다.

다른 꽃은 꽃이 지고 나서 열매가 열리지만

연꽃은 꽃과 열매가 동시에 생긴다.

묘법연화경을 독송하고 경에서 설한 대로 수행하면 수행함과 동시에 수행의 결과를 얻게 된다. 수행을 몇 년간 한 후 비로소 그 결과를 얻는 게 아니고 시작과 동시에 우리가 본래부터 가지고 있는 불성과 불지혜를 꽃피우고 열매를 맺는다.

일본의 조동종은, '좌선은 견성을 위한 수행이 아니고 우리의 본래부터 깨어 있는 본성의 표현일 뿐'이라고 한다.

좌선이란 수행을 오래 한 후에 견성하고 깨치는 것이 아니고, 본래 깨어 있는 우리의 본성을 그대로 나타내는 행동일 뿐이라는 것이다. 그런 점에서는 수행과 동시에 증과(證果)의 결과를 얻는다는 법화 수행과 같다.

연꽃은 깨끗한 땅과 깨끗한 물에서 자라지 않고 더러운 진흙과 물에 뿌리를 내리고 자라지만 더러워지지 않고 깨끗한 줄기와 깨끗한 잎, 그리고 깨끗한 꽃을 피운다.

연꽃의 입장에서 보면 더러움과 깨끗함은 둘이 아니고 하나(不二)이다.

더러움이 깨끗함이고 깨끗함이 더러움이다.

예토가 곧 정토이고 정토가 곧 예토이다.

더럽고 고통으로 가득한 이 세상이 곧 깨끗한 정토요, 극락이다.

생사(生死)와 열반이 둘이 아니고 생사가 곧 열반이다.

묘법연화경과 법화 수행자에게는 고해(苦海)인 이 세상이 있는 그대로 극락정토이다.

연꽃이 더러운 진흙물을 정화하듯이 묘법연화경은 이 세상을 정화한다.

연근, 연잎, 연꽃과 연 씨앗 등 연꽃은 그 뿌리부터 꽃과 열매에 이르기까지 모든 것이 우리의 몸과 마음을 맑고 시원(淸凉)하게 해주는 약성(藥性)을 가지고 있다.

마찬가지로 묘법연화경도 여러 가지로 '열 받고 있는' 말법 시대의 사람들의 몸과 마음을 맑고 시원하게 해준다.

북극의 얼음이 녹아내리고 기온이 37도까지 치솟는 지구 환경도 '열 받고' 있으며, 전쟁터를 방불케 하는 경제 사회 환경 역시 '열 받고' 있으며, 그리하여 그 속에 사는 사람들도 '열 받고' 있다.

그리하여 붓다께서 묘법연화경이 말법 시대 중생들에게 꼭 필요한 약이니 잘 지키도록 하라고 측근의 보살들에게 당부한 것이다.

묘법연화경은 범어로 'Saddharma Pundarika sutra'이다.
'Saddharma'는 묘법(妙法)으로 참으로 신묘한 힘을 가진 절대적
진리를 가리키고,
'Pundarika'는 흰 연꽃을 가리킨다.
'sutra'는 깨친 붓다가 설한 경을 가리킨다.

묘법연화경은 흰 연꽃이 상징적으로 나타내는 묘한 절대적 진
리를 설한 경이다.

묘법연화경은 참으로 신묘한 힘을 가지고 있다.
그것이 바로 묘법연화경을 접한 모든 사람들을 고통에서 해탈
하게 하고 끝내 성불하게 하는 진리의 힘(法力)이요, 부처님의 힘
(佛力)이다.
한 송이 연꽃은 있는 그대로 진리를 드러내고 있다.
그것은 법계 연기(法界緣起)의 깊은 진리를 온몸으로 표현하고
있는 것이다.
연꽃은 씨앗이 흙, 물, 바람, 햇볕 등 여러 가지 요소와 결합하
고 인연이 되어 피어나는 연기(緣起)의 존재이다.
연꽃은 연꽃대로 그 뿌리와 잎과 씨앗이 약재나 음식물로 사람

의 몸속으로 들어가 여러 가지 작용을 하니 이 세상 만물이 서로 서로 엮어 들어가고 서로서로 의존하고 작용한다는 법계 연기의 도리를 그대로 나타내고 있다.

이와 같이 햇볕과 비와 바람과 흙과 물 등 온 우주가 참여하고 협력하여 한 송이 연꽃이 피어나듯이 모든 사물과 사람 역시 다른 사물과 사람의 참여와 협력으로 생겨나고 존재하며, 또한 다른 사물과 사람의 생성과 존재에 참여하고 협력한다.

무엇하나 홀로 존재하는 사물은 없고 어떤 사람도 홀로 존재하는 것은 아니다.

한 송이 연꽃은 흙, 물, 바람, 햇빛, 달빛, 별빛, 미생물 등 여러 가지 요소들이 참여하고 협력하여 피어난 것인 만큼 연꽃은 곧 우주라고 말할 수 있다.

이와 같이 연기적 존재인 연꽃은 그 본성이 공(空)하여 있는 그 모습 그대로 그 성품 그대로 실상이라는 제법 실상의 진리를 온몸으로 말하고 있다.

연기적 존재인 연꽃과 연꽃의 열매를 아무리 쪼개어 그 실체를 찾아보아도 연꽃의 본성은 텅 빈 공(空)일 뿐이다.

그러므로 연꽃이 곧 공(空)이요,
공이 곧 연꽃인 것이다.
이와 같이 삼라만상은

모두 있는 그대로 실(實相)이요, 진리이다.

하나하나의 존재가 곧 진리의 몸(法身)이요,

부처의 몸(佛身)이다.

따라서 어느 것 하나

귀하지 않은 것이 없고 하찮은 것이 없다.

모두가 진리의 존재요, 자체로서

깊은 실존의 뜻을 가지고 있기 때문에

이 세상은 있는 그대로

연화장세계(蓮華藏世界)인 것이다.

이러한 도리를

한 송이 연꽃은 온몸으로 표현하고 있다.

이러한 진리가 묘법(妙法)이요,

그러한 진리를 설한 경을 묘법연화경이라 부른다.

부록
법화삼부경의 중요한 가르침

1. 무량의경

"착한 남자여, 한 법문이 있으니

능히 보살로 하여금

빨리 위없이 높고 바르며 크고도 넓으며,

평등한 깨달음을 얻게 하느니라.

만약 보살이 이 법문을 배우면

곧 능히 무상정등각을 얻느니라.

이러한 법문의 이름은 '무량의'라 하나니,

보살이 무량의란 것을 닦고 배움을 얻고자 하면

응당 마땅히 일체의 모든 법이

본래부터 성품과 형상이 비고 고요하여

큰 것도 없고 작은 것도 없으며,

나는 것도 없고 멸하는 것도 없으며,

머무르지도 않고 움직이지도 아니하며,
나아가지도 않고 물러서지도 않으며,
마치 허공과 같아
두 가지 법이 없다고 관하여 살필지니라.
그리고 모든 중생이 허망하고 비뚤어지게 헤아려
이것이다 저것이다 득이다 실이다 하며,
착하지 못한 생각을 일으켜
여러 가지 악한 업을 지어서
여섯 갈래로 윤회하여
혹독한 괴로움에서 무량억겁 동안
능히 스스로 빠져 나오지 못하느니라.”

“무량의는 하나의 법을 따라 생겨났으며,
그 하나의 법은 곧 형상 없음(無相)이니
이러한 무상(無相)은
상도 상 아님도 없는 것(無相不相)이며,
상 있음도 상 없음도 아닌 것(不相無相)으로
실상(實相)이라 이름하느니라.
보살이 만약 이와 같이 무량의라는
하나의 법문을 닦으면 반드시 빨리
무상의 바르고 큰 깨달음을 얻느니라.

이런 까닭으로 보살마하살이
만약 빨리 위없는 깨달음을 이루고자 하면
응당 이와 같이 심히 깊고 위없는
대승의 무량의경을 닦고 배울지니라."

"착한 남자여, 내가 설하는 이 경은
심히 깊고도 심히 깊으며,
진실로 심히 깊으니라.
무슨 까닭인가 하면
많은 이로 하여금 빨리 위없이
높고 바르며 크고도 넓으며 평등한
깨달음(無上正等覺)을 이루게 하는 연고이며,
한 번 들으면 능히 일체법을 지니게 되는 연고이며,
모든 중생을 크게 이익 되게 하는 연고이며,
크고 곧은 길을 가는 데 여러 가지 어려움이 없는
연고이니라(行大直道 無留難故).

이 경은 불가사의한 열 가지 공덕과 힘이 있는데,
이경은 보살로서 아직 발심하지 못한 이를 깨치고자 하는
보리심(菩提心)을 일으키게 하고,
자비롭고 인자한 마음이 없는 이가

자비(慈心)를 일으키게 하며,

살육을 좋아하는 사람이

대비의 마음(大悲心)을 일으키게 하고,

질투하는 사람이

따라 기뻐하는 마음(隨喜心)을 일으키게 하며,

애착이 있는 사람이

능히 버리는 마음(捨心)을 일으키게 하고,

아끼고 탐내는 사람이

보시의 마음(布施心)을 일으키게 하며,

교만이 많은 사람이

계를 지키는 마음을 일으키게 하고,

분하고 성 잘 내는 사람이

참는 마음을 일으키게 하며,

게으른 사람이

정진하는 마음을 일으키게 하고,

산란한 사람이

선정심(禪定心)을 일으키게 하며,

어리석고 미혹한 사람이

지혜의 마음을 일으키게 하고,

고통의 차안에서 열반의 피안에 이르지 못한 사람이

피안으로 건너가려는 마음을 일으키게 하며,

열 가지 악(十惡)을 자행하는 사람이

열 가지 착한 행(十善)을 하는 마음을 일으키게 하고……

번뇌가 많은 사람이

번뇌를 제거하고 소멸시키는 마음을 일으키게 한다.

이것을 이 경의 제일 공덕이요,

불가사의한 힘(第一功德 不思議力)이라 하느니라."

2. 묘법연화경

(1) 서품

"부처님은 묘법연화경 설하시어
대중을 환희케 하시고는
그날로 즉시
하늘과 사람들에게 이르시기를,
제법 실상 진리를
이미 너희들에게 설하였나니
나는 오늘 밤중에
열반에 들리라."

(2) 방편품

"부처님께서 성취하신 바는
제일 희유하여 깨치기
어려운 법으로
오직 부처님과 부처님만이
능히 온갖 모든 것의 실상(諸法實相)을
깊게 끝까지 다 아시었느니라.
소위 제법 실상은
이러한 모양 그대로, 이러한 성품 그대로,
이러한 체질 그대로, 이러한 능력 그대로,
이러한 작용 그대로, 이러한 원인 그대로,
이러한 인연 그대로, 이러한 결과 그대로,
이러한 과보 그대로, 이러한 근본과 지말이
평등하여 있는 그대로 실상이니라."

"사리불아, 무엇을 일러 모든 부처님 세존은
오직 일대사(一大事) 인연을 위하여
세상에 나오시는 것이라 하는가.
모든 부처님 세존은 중생들로 하여금
부처님 지견(佛知見)을 열어서

청정케 하기 위하여 세상에 나오시고,
중생들에게 부처님 지견을
보여 주기 위하여 세상에 나오시며,
중생들로 하여금 부처님 지견을
깨닫게 하기 위하여 세상에 나오시고,
중생들로 하여금 부처님 지견의 도에
들게 하기 위하여 세상에 나오시느니라."

"모든 부처님 세존은
중생들을 이익케 하시고
안락케 하시나니,
이 부처님들도 또한
한량없고 수 없는 방편과
갖가지 인연과 비유와 언사로
중생들 위하여 온갖 법문을 연설하시나
이 법문이 모두
일불승(一佛乘)을 열기 위하는 것이므로
중생들이 부처님으로부터
법문을 듣고는
마침내 모두 일체종지(一切種智)를 얻느니라."

"일체 모든 부처님께서
한량없는 방편으로
모든 중생을 제도하시되
번뇌 없는 부처님 지혜 얻게 하시나니,
만약 중생이 묘법연화경 듣는다면
어떤 중생도 성불 못함이 없느니라."

"지혜적은 근기는 작은 법 좋아하여
자신이 성불함을 믿지 못하나니,
그러므로 방편을 써서
분별해서 여러 법문 설했으며,
비록 삼승을 설하였으나
오직 일불승뿐이니라."

"성문, 혹은 보살들이
내가 설하는 묘법연화경 듣고서
한 게송만 받아 지녀도
모두 결정코 성불하리라."

"삼세 모든 부처님께서
설법하신 의식과 같이

나도 이제 그러하여
분별 없는 법을 설하느니라(說無分別法)."

(3) 비유품

"지혜 제일 사리불로서도
묘법연화경은
믿음으로 들어오거든
나머지 성문들이겠는가.
나머지 성문들도
부처님 말씀 믿고서
묘법연화경 따르는 것이요,
자신의 지혜가 아니니라."

"사리불아, 여래는 중생들을 위해
많은 비유를 들어 일불승을 설하느니라.
너희들이 능히 여래의 말을 믿어 받들면
일체중생 누구나 성불할 수 있느니라.
일불승은 미묘 청정하여 최상 제일 되나니
모든 세계에서 위가 없느니라."

(4) 신해품

"그러나 세존께서는 저희들 마음이
용렬하여 소승을 좋아함을 아시고서,
너희는 여래의 지견(如來知見) 보배광이 있느니라.
이렇게 말씀하시지 않으시고
세존은 방편으로 여래의 지혜를
말씀하셨사오며, 저희는 부처님으로부터
하루 품삯에 지나지 않는 열반을 얻고는
큰 소득으로 삼고 대승을 구하지
아니하였사옵니다."

(5) 약초유품

"갖가지 언사로 한 법을 연설하나
부처님 지혜에는
바다의 한 방울 물과 같느니라.
내가 법비를 내려서
세상에 가득케 하거든 한맛의 법을
근기 따라 수행하는 것이

마치 저 숲 속의 모든 약초와 나무가
각기 크고 작음에 따라서
점점 무성하여짐과 같으니라."

"나는 여래이며,
복혜 구족한 양족존이니라.
세상에 나는 것이 마치 큰 구름 같아서
말라 쇠약한 중생들을 충분히 적셔 주나니,
모든 괴로움을 여의고
안온한 즐거움과 세상의 즐거움과
열반의 즐거움을 얻게 하느니라."

(6) 화성유품

"여러 구도자들이 중도에서 지치고 게을러져
온갖 번뇌의 험한 길에서
나고 죽음을 건너지 못함을 보고
방편의 힘을 써서 쉬게 하고자 열반을 설하여
너희들의 괴로움이 없어지고
할 일을 다 하였다 했으나

이미 열반에 이르러
아라한 이룬 것을 알고는
이에 대중을 모아 놓고
진실한 법을 설하느니라.
모든 부처님 방편의 힘으로
분별하여 삼승을 설하시지만
오직 일불승만 있을 뿐이요,
쉬게 하고자 소승을 설한 것이니라."

"오직 일불승으로 열반을 얻게 할 뿐이요,
다시 다른 법은 없나니,
모든 부처님께서 방편으로 설하시는 법은 제외하노라.
비구들아, 만약 여래가
자신이 열반에 들 시기에 이르렀고
대중도 믿음과 깨침이 견고하며
공법을 통달하여 청정하고
깊이 선정에 든 것을 알면
곧 여러 보살과 성문들을 모아 놓고
묘법연화경을 설하나니,
세간에 소승으로 열반을 얻는 일은 있을 수 없으며,
오직 일불승으로 열반을 얻을 뿐이니라."

(7) 수기품

"모든 비구에게 이르노라.

내가 부처님 눈으로

가섭을 보니

오는 세상

무수겁을 지나서

마땅히 성불하리라."

"이 가전연은

마땅히……여러 부처님께

공양드리고 마침내 최후신(最後身)으로

부처님 지혜를 얻어(得佛智慧)

등정각을 이루리라(成等正覺)."

(8) 견보탑품

"묘법연화경 지니는 사람

일체 부처님 찬탄하시나니,

이것이 곧 용맹이요

이것이 곧 정진이며,

이것이 곧 청정지계요

이것이 곧 두타행이며,

빨리 즉시로

위없는 불도 얻으리라."

(9) 법사품

"여래가 열반에 든 뒤

만약 어떤 사람이

묘법연화경의 겨우 한 게송 한 구절을 듣고서

한 생각이라도 기뻐하여 따른다면

내가 또한 가장 높고

완전한 깨달음의 수기를 주노라."

"일체 보살의 가장 높고

완전한 깨달음이

모두 묘법연화경에

소속된 때문이니라."

"약왕아, 곳곳에서 묘법연화경을
혹은 설하고 혹은 읽으며,
혹은 외우고 혹은 쓰며,
혹은 경전이 머물러 있는 곳에는
모두 마땅히 칠보탑을 세우되
매우 높고 넓으며,
장엄하게 조성하고
다시 사리를 조성할 필요가 없나니,
왜냐하면 이 가운데는
이미 여래의 전신이 있는 까닭이니라."

"만약 묘법연화경 설하려거든
마땅히 여래의 방에 들어가서
여래의 옷을 입고
여래의 자리에 앉아
대중처소에서 두려움 없이
널리 분별하여 설할지니라.
대자대비는 방이 되고
유화인욕은 옷이 되고
일체 법공(一切法空)은 자리가 되나니,
여기에 거처하여 설법하라."

(10) 안락행품

"항상 좌선하기를 좋아하여
한적한 곳에서 그 마음을
거두어 닦으라.
문수사리야, 이것을
첫째의 친근할 곳이라 하느니라.
또 보살마하살은
일체 모든 것을 관하되
공한 것이요 실상과 같은 것이며,
전도되지 않고 움직이지도 않으며,
물러가지도 않고 구르지도 않아
허공 같아서 성품이 없으며,
온갖 말길이 끊어져
나지도 않고 나오지도 않으며,
일어나지도 않고 이름도 없으며,
모양도 없어 실로 아무것도 없는 것이요,
한량없고 그지없으며,
걸림 없고 막힘 없건만
다만 인연으로 있는 것이요,
전도되어 나는 것이로다 할지니

208

항상 이렇게 모든 것을
실상으로 관하라.
이것을 보살마하살의
둘째 친근할 곳이라 하느니라."

"다시 상중하의 법과
함이 있고 함이 없으며,
진실하고 진실치 않은 법을
행하지 말고
또한 남자다 여자다 분별하지 말며,
온갖 모든 것은 얻을 것이 없고
알 것도 볼 것도 없는 것이니
이를 일러 보살의
행할 곳이라 하느니라.
일체 모든 것은 공하여
아무것도 없는 것이요,
항상 머무르는 것도 없으며,
일어남도 없어짐도 없는 것이니,
이것을 지혜인의
친근할 곳이라 하느니라.
전도되어 온갖 모든 것을

있는 것이다 없는 것이다,
진실한 것이다 허망한 것이다,
난다 나지 않는다 하고 분별하나니,
한적한 곳에 거처하여
그 마음을 거두어 닦고
편안히 머물러 부동하기를
수미산같이 하라."

(11) 종지용출품

"이 모든 중생이
처음 나의 몸을 보고
나의 말을 듣고는
즉시 모두 믿고 받아들여
여래의 지혜에 들었나니,
다만 먼저부터 소승을 배워
닦아 익힌 사람들은 제외되었으나
이런 사람들도
내가 이제 묘법연화경을 듣게 하여서
부처님 지혜에 들게 하였느니라."

(12) 여래수량품

"선남자들아,
내가 사실로 성불한 지는
한량없고 그지없는
백천만억 나유타겁이 지났느니라."

"이때부터 나는 항상
이 사바세계에 머물러 있으면서
설법하여 교화하였으며,
또한 백천만억 나유타 아승지
다른 세계에서도
중생들을 인도하여
이익케 하였느니라."

"여러 곳에서 이름을 달리하고
수명이 길기도 하고
짧기도 함을 보이며,
나타났다가 열반에 들기도 하고
또 갖가지 방편으로
미묘한 법문을 설하여

중생들로 하여금
환희심을 내게 하느니라."

"여래는 실상과 같이
삼계의 모양을 알고 보나니
번뇌를 일으켜
나고 죽음에 빠지는
이런 일이 없느니라.
나고 죽음도 없고
열반에 드는 것도 없으며,
또한 진실한 것도 없고
허망한 것도 없으며,
같은 것도 없고
다른 것도 없어서
삼계 중생이
삼계를 보는 것과 같지 않나니
이런 일을 여래는
밝게 보아 착오가 없느니라."

"이와 같이 내가 성불한 지는
매우 오래되었으며,

수명은 한량없는 아승지겁이요,
항상 머물러 있어
멸하는 일이 없느니라."

"중생들을 제도하기 위하여
방편으로 열반을 보이지만
사실은 열반에 들지 않고
항상 이곳에 있어 설법하느니라."

"중생들은 겁이 다하기도 하고
큰 불이 타기도 하는 것을 보지만
나의 이 정토는 안온하여
하늘과 사람이 항상 가득하며,
동산과 숲, 모든 강당과 누각이
갖가지 보배로 장엄되었느니라.
보배 나무에는 꽃과 과실 많아
중생들 즐거이 노닐며,
모든 하늘은 하늘 북 치고
언제나 미묘한 기악 울리며,
아름다운 만다라꽃 내려서
부처님과 대중에게 흩느니라.

나의 정토 영원히 변함없건만
중생들은 불에 타 없어지고
근심, 공포, 온갖 고뇌가
가득 찬 곳으로 보느니라."

(13) 분별공덕품

"이때 세존께서
미륵보살에게 이르시었다.
아일다야, 내가 여래의 수명이
영원함을 설할 때……
다시 한지구 미진수 보살들이
일생 만에 가장 높고 완전한
깨달음을 얻게 되었느니라."

"그때 미륵보살이……
합장하고서 부처님을 향하여
게송으로 사뢰었다.
혹은 한 지구
미진수 보살들이

각각 모두 일생 만에
일체종지 얻게 되었나이다.
이런 많은 중생들이
부처님 수명 영원함을 듣고서
한량없고 번뇌 없는
청정 과보를 얻었나이다."

"하물며 다시 어떤 사람이
능히 묘법연화경을 받아 지니고서 겸하여
보시, 지계, 인욕, 정진, 선정, 지혜를 행한다면
그 공덕이 가장 수승하여
한량없고 그지없나니
마치 허공의 동서남북과
네 간방과 상방과 하방이
한량없고 그지없듯이
이 사람의 공덕도 이와 같아서
한량없고 그지없으며
빨리 일체종지에 이르게 되느니라."

"하물며 묘법연화경 받아 지니고서
보시와 지계를 겸하고

선정을 닦으며 인욕하여
성내지 않고 악구하지 않으며,
부처님 탑과 법당을 공경하고
모든 비구에게 겸손하여 하심하며,
교만심을 버리고
항상 지혜를 생각하며,
어려운 물음에도 성내지 않고
수순하여 해설해 주는
이런 행을 닦음이겠는가?
그 공덕이 한량없느니라."

(14) 법사공덕품

"다시 다음으로 상정진아,
만약 선남자 선여인이
여래가 열반에 든 후
묘법연화경을 받아 지니고서
혹은 읽고 혹은 외우며,
혹은 해설하고 혹은 베껴 쓰면
천이백의 마음의 공덕을 얻느니라.

216

이 청정한 마음으로
겨우 한 게송이나 한 구절만 들어도
한량없고 그지없는 진리를 통달하나니
이렇게 진리를 깨치고는
능히 한 구절 한 게송만 가지고도
한 달이나 넉 달이나 일 년간을 연설하게 되며,
진리 따라 설하는 바 모든 법문은
다 실상과 더불어 서로 위배되지 않고
혹 세속의 경서나 세상을 다스리는 말이나
생활을 돕는 산업 등을 말할지라도
모두 정법에 순종하는 것이 되느니라.”

(15) 상불경보살품

“대세지야, 마땅히 알라.
묘법연화경은 모든 보살을
크게 이익케 하여 가장 높고
완전한 깨달음에 이르게 하나니
그러므로 모든 보살은
여래가 열반에 든 후

반드시 항상 묘법연화경을
받아 지니고서 읽고 외우며,
해설하고 베껴 써야 하느니라."

"이 부처님께서 열반에 드시고
법이 없어지고자 할 때
한 보살이 있었으니,
상불경이라 이름하였느니라.
그때 사부 대중이
법을 계교하여 집착하거늘
이때 상불경보살이
그들이 있는 처소에 가서
이렇게 말하였나니,
나는 여러분을 가볍게 보지 않습니다.
여러분은 도를 행하여서
모두 성불할 수 있기 때문입니다.
사람들이 이 말을 듣고서
업신여기고 욕설하였지만
상불경보살은 잘 참고
성내지 아니하였느니라.
그 몸의 수명이 다 되어

목숨을 마치려는 때
묘법연화경을 갖춰 듣고 모두 지녀
육근청정을 얻었으며,
신통력으로 수명을 늘리고
다시 여러 사람들에게
널리 묘법연화경을 설하였느니라."

"상불경보살은 목숨을 마치고서
묘법연화경을 설한 까닭으로
무수한 부처님 만나고
한량없는 복을 얻었으며,
점점 공덕을 갖추어
빨리 불도를 이루었느니라."

"그러므로 수행하는 사람들은
부처님이 열반에 든 후
묘법연화경을 듣고
의혹을 내지 말 것이요,
마땅히 일심으로 받아 지니고서
널리 사람들에게 설하여 줄지니
세세생생 항상 부처님 만나고

빨리 성불하게 되느니라."

(16) 여래신력품

"한량없고 그지없는
백천만억 아승지겁 동안
묘법연화경의 공덕을 설하여도
오히려 다할 수 없느니라.
요긴히 이를 말한다면
부처님의 일체 온갖 모든 것과
부처님의 일체 자재한 신통력과
부처님의 일체 요긴하고 비밀한 법장과
부처님의 일체 매우 깊은 일들을 모두
묘법연화경 가운데 밝히고 보였으며,
나타내어 설하였느니라."

"어느 세계에서나 만약
묘법연화경을 받아 지니고서 읽고 외우며,
해설하고 베껴 쓰고
설한 대로 닦아 행하는 사람이 있거나

또는 묘법연화경 경전이 있는 곳이면……
이곳에 모두 탑을 쌓고 공양 드릴지니라.
왜냐하면 마땅히 알라.
이곳은 곧 도량이니,
모든 부처님이 다 이곳에서
가장 높고 완전한 깨달음을 얻으셨으며,
모든 부처님이 다 이곳에서
법륜을 굴리시고
모든 부처님이 다 이곳에서
열반에 드시는 까닭이니라."

(17) 약왕보살품

"제석천왕이 삼십삼천 가운데 왕이 되듯이
묘법연화경도 이와 같아서
모든 경 가운데 왕이니라."

"부처님이 온갖 모든 것의 왕이 되듯이
묘법연화경도 이와 같아서
모든 경 가운데 왕이니라.

수왕화야, 묘법연화경은 능히
일체중생을 구원하느니라.
묘법연화경은 능히
일체중생의 온갖 고뇌를 여의게 하고
묘법연화경은 능히
일체중생을 크게 이익케 하여
그 소원을 충만케 하느니라."

"묘법연화경도 이와 같아서
능히 중생들로 하여금
일체의 고통과 일체의 질병을 여의게 하고
능히 일체의 나고 죽는 속박에서
해탈케 하느니라.
만약 사람이 묘법연화경을 듣고서
몸소 쓰거나 사람을 시켜 쓰게 하면
얻는 바 공덕을
부처님의 지혜로 다소를 헤아릴지라도
그 끝을 다하지 못하느니라."

"수왕화야, 너는 마땅히
신통력으로 묘법연화경을 수호하라.

왜냐하면 묘법연화경은
곧 남염부제 사람들의 병에
좋은 약이 되는 까닭이니,
만약 병 있는 사람이
묘법연화경을 들으면
병이 곧 소멸되고
늙지도 않고 죽지도 않으리라."

(18) 관세음보살품

"선남자야, 한량없는 백천만억 중생들이
모든 고뇌를 받을 적에
이 관세음보살을 듣고
일심으로 이름을 부르면
관세음보살이 즉시에
그 음성을 관찰하고
다 해탈을 얻게 하느니라."

(19) 보현보살품

"만약 선남자 선여인이
네 가지 법을 성취하면
여래가 열반에 든 후
마땅히 묘법연화경을 얻을 수 있느니라.
첫째는 모든 부처님의 호념하심이 되어야 하고,
둘째는 모든 덕본을 심어야 하며,
셋째는 정정취에 들어야 하고,
넷째는 일체중생을 구제코자 하는 마음을 내어야 하나니,
선남자 선여인이 이러한 네 가지 법을 성취하면
여래가 열반에 든 뒤에
반드시 묘법연화경을 얻을 수 있느니라."

"보현아, 만약 묘법연화경을 받아 지니고서
읽고 외우며 바르게 기억하고
닦아 익히며 베껴 쓰는 사람이 있으면
마땅히 알라.
이 사람은 곧 석가모니불을 보는 것이며,
석가모니불의 입으로부터 묘법연화경을 듣는 것이요.
마땅히 알라.

이 사람은 석가모니불께 공양드리는 것이요.
마땅히 알라.
이 사람은 부처님으로부터 착하다 하고 칭찬받는 것이요.
마땅히 알라.
이 사람은 석가모니불이 그 머리를
손으로 만져 줌을 받는 것이요.
마땅히 알라.
이 사람은 석가모니불이 옷으로
싸 줌을 받는 것이니라."

"이 사람은 마음이 바르고 곧으며,
바른 기억이 있고 복덕력이 있으며,
이 사람은 삼독에 시달리지 않고
또한 질투, 아만, 그릇된 소견,
교만, 증상만의 시달림을 받지 않으며,
이 사람은 욕심이 적어
족한 줄 알고 잘 보현행을 닦으리라."

"보현아, 만약 후세에
묘법연화경을 받아 지니고서
읽고 외우면

이 사람은 다시 의복이나 침구나 음식이나
생활하는 물품을 탐착하지 아니할 것이며
소원이 헛되지 않고
현세에서 그 복보를 얻으리라."

3. 불설관보현보살행법경

"모든 부처님 앞에서
스스로 자기의 허물을 말할지니라.
모든 부처님 여래는
바로 나를 사랑하는 아버지이시니,
너는 마땅히 스스로
혀로 지은 좋지 못한 악업을 말할지니라.
이 혀는 악업의 형상인 거짓말과
교묘하게 꾸민 말과 악한 말과
두 가지의 말과 헐뜯어 비방하는 말과
망령된 말을 하고 그릇된 견해를 찬탄하며,
이롭지 않은 말을 하였느니라.
이와 같은 많고 많은

갖가지의 악업으로 만나서
싸우고 무너뜨리고 어지럽게 하여
법을 법이 아니라고 말하였나니,
이와 같은 많은 죄를 지금 다 참회할지니라."

"모든 부처님 앞에서 이런 말을 할지니라.
이 혀의 허물과 재앙은 헤아릴 수 없고 가없으며,
모든 악업의 가시는 혀를 쫓아 나왔으며,
바른 법륜을 끊는 것도
이 혀를 쫓아 일어남이오니,
이와 같이 악한 혀는
공덕의 종자를 끊으며,
옳지 않은 것 가운데서
옳은 것이라고 자주 강하게 말하며,
삿된 견해를 찬탄하는 것도
불에다 땔감을 더하는 것과 같사옵고
중생을 향해 함이 오히려 위험한 불과 같으오니,
이와 같은 악하고 삿되고 착하지 못한
죄보로 마땅히 천겁을 악도에 떨어지오며,
망령된 말을 한 까닭으로
큰 지옥에 떨어지리니,

저는 지금 부처님을 향하여
나무불 하고 귀의하고
모든 더러운 악을 다 드러내옵니다."

"너는 지금 응당 몸과 마음을 참회할지니라.
몸은 살생하며 도둑질하고 음란하며,
마음은 모든 착하지 못한 것을 생각하나니,
열 가지 악과 다섯 가지 무간의 업을 지어서
원숭이와 같고 끈끈이와 아교같이
곳곳마다 탐착하며…… 육근(六根)이 짓는
업이 일체의 나는 곳에 가득하니라.
또한 무명과 늙고 죽는 것 등
열두 가지 괴로운 일이 더욱 증장되고
여덟 가지 어려움(八難)을 겪게 되나니,
마땅히 이와 같이 악하고 착하지 못한
죄업을 참회할지니라."

"착한 남자여,
네가 지금 대승경을 독송하는 고로
시방의 모든 부처님께서 참회의 법을 설하시느니라.
보살의 행할 바는

몸과 마음을 괴롭히는 번뇌를 끊지도 않고
또 그러한 번뇌의 바다에 머무르지도 않으며,
마음이 무심(無心)함을 관하되
전도되어 생각이 일어나고 이러한 생각의 마음은
망상을 따라 일어나느니라.
마치 공중의 바람이 의지할 곳이 없는 것처럼
이러한 법의 모양(法相)은 불생불멸(不生不滅)이니라.
무엇이 죄며 무엇이 복인가.
나의 마음이 스스로 공(我心自空)하니,
죄와 복도 주인이 없으며,
일체의 모든 현상(一切諸法)도 모두 이와 같아서
머무름도 없고 무너짐도 없느니라.
이와 같이 참회하면
마음을 관함에 마음도 없고
법도 법 가운데 머무르지 아니하나니,
일체 현상이 해탈이며 적멸하고 적정하니라.
이와 같이 생각하는 것을
대참회라 하고 죄의 상이 없는 참회라
이름하느니라."

"만약 안근(眼根)에 나쁜 업장이 있어

눈이 맑지 않으면 마땅히 대승을 외우고
절대 진리(弟一義)를 생각하고 염할지니라.
이것을 눈의 참회라 하느니라.
이근(耳根)이 어지러운 소리를 듣고
화합의 뜻을 무너뜨려 어지럽게 하니,
이로 인하여 광란이 일어나고
어리석은 원숭이와 같나니 마땅히 대승을 외우고
모든 현상이 공하여 형상이 없다고 관하면(觀法空無相),
일체의 악은 영원히 다하고
천이(天耳)로 시방을 듣느니라.……
마음(心根)은 원숭이와 같아서
잠시도 머무는 때가 없나니,
만약 조복하고자 하면 마땅히
대승 경전을 독송하고
부처님의 크게 깨달은 몸으로 이룬
힘과 두려움 없음을 염할지니라.……
일체의 업장의 바다는
모두 망령된 생각을 쫓아 생겨나므로
만약 참회하고자 하면 단정히 앉아서
실상(實相)을 염할지니라.
많은 죄는 서리와 이슬 같아서

지혜의 해로 능히 녹여 없애느니라(慧日能消除)."

"어떤 중생이……
시방의 부처님께 절하고
대승 경전을 독송하고
깊고 깊은 절대적 공법(第一義甚深空法)을 생각하면
손가락 한 번 튕기는 사이에 백만 억 아승지겁의
생사의 죄(生死之罪)가 없어지고 소멸되느니라."

나를 찾아 떠나는 법화 수행

초판 1쇄 발행 2012년 5월 21일

지은이 | 황명찬

펴낸이 | 이의성

펴낸곳 | 지혜의나무

등록번호 | 제1-2492호

주소 | 서울시 종로구 관훈동 198-16 남도빌딩 3층

전화 | (02)730-2211 팩스 | (02)730-2210

ⓒ황명찬

ISBN 978-89-89182-89-4 03220

* 잘못된 책은 바꾸어 드립니다.